Teams führen

Prof. Dr. Wolfgang Krüger

3. Auflage

Haufe

D1854836

Bibliografische Information der Deutschen Bibliothek
Die Deutsche Bibliothek verzeichnet diese Publikation in der Deutschen Nationalbibliografie; detaillierte bibliografische Daten sind im Internet über http://dnb.ddb.de abrufbar.

ISBN 3-448-06184-0
Bestell-Nr. 00688-0003

1. Auflage 2000 (ISBN 3-86027-246-2)
2. Auflage 2002 (ISBN 3-448-05130-6)
3., aktualisierte Aufalge 2004

© 2004, Haufe Verlag GmbH & Co. KG, Niederlassung Planegg b. München
Postanschrift: Postfach, 82142 Planegg
Hausanschrift: Fraunhoferstraße 5, 82152 Planegg
Fon (0 89) 8 95 17-0, Fax (0 89) 8 95 17-2 50
E-Mail: online@haufe.de
Internet: www.haufe.de
Lektorat: Gisela Fichtl, Dr. Ilonka Kunow
Redaktion: Sylvia Rein

Alle Rechte, auch die des auszugsweisen Nachdrucks, der fotomechanischen Wiedergabe (einschließlich Mikrokopie) sowie der Auswertung durch Datenbanken oder ähnliche Einrichtungen vorbehalten.

Satz + Layout: WerbeAgentur S6 GmbH, 82166 Gräfelfing
Umschlaggestaltung: Agentur Buttgereit & Heidenreich, 45721 Haltern am See
Cartoons: BAASKE CARTOONS, 79379 Müllheim, Heinz Wildi (2)
Druck: freiburger graphische betriebe, 79108 Freiburg

Zur Herstellung der Bücher wird nur alterungsbeständiges Papier verwendet

TaschenGuides – alles, was Sie wissen müssen

Für alle, die wenig Zeit haben und erfahren wollen, worauf es ankommt. Für Einsteiger und für Profis, die ihre Kenntnisse rasch auffrischen wollen.

Sie sparen Zeit und können das Wissen effizient umsetzen:

Kompetente Autoren erklären jedes Thema aktuell, leicht verständlich und praxisnah.

In der Gliederung finden Sie die wichtigsten Fragen und Probleme aus der Praxis.

Das übersichtliche Layout ermöglicht es Ihnen sich rasch zu orientieren.

Anleitungen „Schritt für Schritt", Checklisten und hilfreiche Tipps bieten Ihnen das nötige Werkzeug für Ihre Arbeit.

Als Schnelleinstieg die geeignete Arbeitsbasis für Gruppen in Organisationen und Betrieben.

Ihre Meinung interessiert uns! Mailen Sie einfach unter online@haufe.de an die TaschenGuide-Redaktion. Wir freuen uns auf Ihre Anregungen.

Inhalt

Vorwort

In den letzten Jahren haben sich die Unternehmen und Organisationen gewandelt. Was heute zählt, sind nicht mehr Hierarchien, sondern eigenverantwortliche Mitarbeiter, die in selbstständigen Teams Spitzenleistungen erbringen.

Teamfähigkeit und Teamarbeit stehen daher bei den Personalchefs wie bei den Bewerbern hoch im Kurs: Wer neue Mitarbeiter sucht, fragt natürlich zuerst nach der fachlichen Eignung der Kandidaten; dann aber steht schon die Teamfähigkeit ganz oben an. Wer sich auf Stellensuche begibt, erhofft sich natürlich eine interessante und gut bezahlte Aufgabe. Ebenso wichtig ist den meisten, Teil eines erfolgreichen Teams zu werden.

Dieser Taschenguide soll vor allem Teamleitern und Führungskräften, aber auch Teammitgliedern zeigen, warum Teambildung und Teamentwicklung wichtig sind. Sie erfahren, wie Sie Teams richtig zusammenstellen und entwickeln, Ihre Mitarbeiter ins Boot holen und Konflikte produktiv lösen, was erfolgreiche Teamarbeit begünstigt und wo sie zu Spitzenleistungen führen kann.

Dr. Wolfgang Krüger

Spitzenleistungen durch Teamentwicklung

Starke Teams meistern Extremsituationen. Was macht den Unterschied zwischen einem Team und einem Dream-Team aus?

Eine Gruppe macht noch kein Team

Viele haben schon erlebt, dass die Arbeit in einer Gruppe recht mühselig und wenig fruchtbar sein kann. Der zähe Prozess und der mangelnde Erfolg führen nicht selten dazu, dass eine Gruppe schon auseinanderfällt, noch bevor die Chance genutzt wurde, ein leistungsstarkes Team zu entwickeln.

Beispiel: Eine Projektgruppe tritt zusammen
In einem Unternehmen beschließt die Geschäftsführung, eine Projektgruppe mit der Aufgabe zu betrauen, Vorschläge zur Verbesserung der Kommunikation und der Abläufe zwischen den einzelnen Abteilungen zu erarbeiten. Die Abteilungen Einkauf, Produktion, Marketing und Vertrieb, Personal und Recht, Organisation und DV, Rechnungswesen und Controlling werden gebeten, jeweils eine Mitarbeiterin oder einen Mitarbeiter in die Projektgruppe zu entsenden. Nach drei unbefriedigend verlaufenen Sitzungen mit zähen Debatten zur Tagesordnung, Profilierungskämpfen und nichtigen Streitereien fragt sich der Projektleiter, was schief gelaufen ist.

Die Ursachen, warum Teams scheitern, sind häufig:

- Die Gruppenmitglieder vertreten die Interessen ihrer Abteilungen und nicht die der Projektgruppe.
- Trotz mehrfachen Bemühens ist es nicht geglückt, eine klare gemeinsame Zielsetzung für das Projekt zu finden. Einzelne verfolgen eigene Ziele.
- Einige Gruppenmitglieder empfinden die Teilnahme als Belastung. Sie argumentieren, ihre Hauptaufgaben seien wichtiger und auch andere Gruppen würden sie fordern.
- Verabredete Zeiten und Abmachungen werden nicht von allen eingehalten. Einzelne Teilnehmer lassen sich entschul-

digen, kommen zu spät oder gehen früher und erfüllen ihre Aufgaben nur teilweise oder gar nicht.

- Unter einigen Gruppenmitgliedern wird offen oder verdeckt ein persönlicher Konkurrenzkampf geführt.
- Man checkt sich gegenseitig ab. Es wird wenig offen miteinander gesprochen.
- Die Mitglieder zeigen wenig Loyalität zur Gruppe.

Dies macht bereits deutlich, was zu tun ist, um aus einer zusammengewürfelten Gruppe ein effizientes und effektives Team zu machen. Es geht darum,

- die Interessen der Gruppe zu harmonisieren,
- klare und von jedem akzeptierte Teamziele zu definieren,
- der Arbeit in diesem Team Priorität gegenüber anderen Verpflichtungen zu verleihen,
- die Verbindlichkeit von Termin- und Aufgabenabsprachen zu erhöhen,
- die internen Konkurrenzkämpfe zu beenden,
- die interne Kommunikation zu verbessern,
- die Gruppenloyalität zu erhöhen.

Damit sind schon wesentliche Merkmale benannt, an denen man leistungsfähige Teams von kaum entwickelten und leistungsschwachen Gruppen unterscheiden kann.

Auf dem Weg von einer Gruppe zu einem Hochleistungsteam kommt es also vor allem darauf an,

- zielorientiert, mit verbindlichen organisatorischen Absprachen zusammenzuarbeiten,
- Vertrauen und Loyalität im Team aufzubauen.

Das allein reicht aber noch nicht, um wirklich zu Spitzenleistungen zu kommen.

Unterschiede zwischen Gruppe und Team

Merkmale	Gruppe	Hochleistungsteam
Wo liegen die Interessen?	Die meisten verfolgen eigene Interessen.	Alle ziehen an einem Strang.
Welche Ziele gibt es?	Es werden unterschiedliche Ziele verfolgt.	Alle verfolgen dasselbe Ziel.
Was hat Priorität?	Die Zugehörigkeit zur Gruppe ist nachrangig.	Die Zugehörigkeit zum Team hat erste Priorität.
Wie ist die Organisation?	Die Organisation ist locker und unverbindlich.	Die Organisation ist straff und verbindlich.
Wie ist die Motivation?	Die Motivation kommt von außen (man muss).	Die Motivation kommt von innen (man will).
Wer konkurriert mit wem?	Einzelne konkurrieren untereinander.	Die Konkurrenz ist nach außen gerichtet.
Wie wird kommuniziert?	Man kommuniziert teils offen, teils verdeckt.	Man gibt sich offen Information und Feedback.
Wer vertraut wem?	Wenig Vertrauen untereinander und in die Gruppe.	Starkes Vertrauen untereinander und in das Team.

Was führt zu Spitzenleistungen im Team?

Hollywood liebt einsame Helden, aber auch erfolgreiche Teams. Wer kennt sie nicht, die spannenden Filme über Menschen in extremen Ausnahmesituationen: die wenigen Überlebenden eines Flugzeugabsturzes in der Wüste, die eingeschlossenen Passagiere in dem halb gesunkenen Schiff, die Bergleute im verschütteten Stollen. Von Gruppen in solchen Extremsituationen kann man viel lernen – die meisten Merkmale eines erfolgreichen Teams lassen sich daraus ableiten.

Bei Filmen mit Happyend vollziehen zufällig zusammengewürfelte Menschen im Zeitraffertempo den Schritt von der Gruppe zum eingeschworenen Team:

- Es gibt nur ein gemeinsames Interesse und ein eindeutiges Ziel – zu überleben.
- Die Gruppe und ihre Ziele haben absolute Priorität.
- Interne Konkurrenzkämpfe unterbleiben.
- Die Kommunikation ist ziel- und zweckorientiert.
- Vertrauen in und Loyalität mit der Gruppe sind gleichbedeutend mit Loyalität sich selbst gegenüber.

Dies sind die wichtigsten Voraussetzungen, um als Team erfolgreich zu sein. Über das Wohl oder Wehe eines Teams entscheidet aber letztlich das Potenzial an Wissen und Können, das die Teammitglieder einbringen, um aus der problematischen Situation herauszukommen. Wenn folgende Voraussetzungen gegeben sind:

- Organisation (Ziele und verbindliche Ordnung),
- Qualifikation (Wissen und Können),
- Kooperation (Vertrauen und Loyalität),

dann ist das richtige Synergiepotenzial für ein erfolgreiches Team vorhanden. Die Leistungen der einzelnen Teammitglieder summieren sich nicht einfach nur, die Leistungsfähigkeit der Gruppe wird durch Synergieprozesse potenziert. So werden Spitzenleistungen möglich.

In drei Schritten zum Spitzenteam

Gruppen können zu Hochleistungsteams werden, wenn sie sich in jeder Entwicklungsphase in den Bereichen Organisation, Qualifikation und Kooperation weiterentwickeln. Die Entwicklung in diesen Bereichen lässt sich bewusst steuern – doch wie können Sie als Teamleiter dabei vorgehen?

So werden Gruppen zu Teams

Gruppen durchlaufen zumeist drei Phasen bis sie zu leistungsfähigen Teams geworden sind. Diese Phasen verlaufen nicht strikt geordnet nacheinander, sie können ineinander übergehen oder sich überlappen. Auch wenn die Teamentwicklung schon weit vorangeschritten ist, kann es Rückschläge geben. In jedem Fall muss Ihre Gruppe diese Entwicklungsschritte vollziehen. Die Schrittfolge kann freilich variieren und die Dauer der einzelnen Phasen von Team zu Team verschieden sein.

Die drei Teamentwicklungsphasen

In der 1. Phase „formieren" Sie Ihr Team. Das kann auf unterschiedliche Weise erfolgen. Ob Sie nun selbst ein Projektteam aus unterschiedlichen Bereichen zusammenstellen oder einen Teamleiter benennen und ihn mit der Zusammenstellung seines Teams beauftragen – es gibt viele Wege zum Erfolg. Teams können sich z. B. auch selbst formieren, indem sie einen Teamleiter aus ihrer Mitte wählen und sich je nach Anforderungen und Teamauftrag neu gruppieren oder umgruppieren.

■ Von der Formierung eines Teams, seiner Größe und dem, was die Gruppenmitglieder an Fähigkeiten und Verhaltensweisen mitbringen, hängt es ganz entscheidend ab, ob eine Entwicklung zum Team gelingt oder scheitert. ■

Teams brauchen zu ihrer Entwicklung eine Orientierung. Deshalb müssen Sie in der zweiten Phase konkrete Ziele und Meilensteine auf dem Weg zu den Zielen setzen. In dieser Orientierungsphase werden die Kompetenzen des Teams geklärt und die Teamarbeit organisiert.

Damit die Teamarbeit und die Teamentwicklung richtig losgehen, werden in der dritten Phase, der Aktivierungsphase, die Teampotenziale durch Trainingsmaßnahmen aktiviert.

Der „Reifegrad" eines Teams und damit auch der Stand seiner Leistungsfähigkeit lassen sich danach bestimmen, in welcher Entwicklungsphase es sich gerade befindet.

Das Drei-Phasen-Modell hilft Ihnen

- zu Beginn der Teamentwicklung den „Reifegrad" und damit den Leistungsstand einer Gruppe zu bestimmen,
- die Maßnahmen der Teamentwicklung planvoll und systematisch in den drei Aufgabenfeldern Organisation, Qualifikation und Kooperation zu betreiben.

Phasen, Aufgaben und Maßnahmen der Teamentwicklung

Aufgaben	Phase 1 Formierung	Phase 2 Orientierung	Phase 3 Aktivierung und Stabilisierung
Organisation	Auswahl des Teamleiters; Festlegung der Teamgröße	Aufbau- und Ablauforganisation; Zielvereinbarung	Leistungen erkennen und anerkennen
Qualifikation	Teambildung nach fachlichen und persönlichen Anforderungen und Fähigkeiten		Lernbedarf planen; Lernstilanalyse; Lernpotenziale aktivieren
Kooperation	Teambildung nach Teamfähigkeiten		Teamtraining und Teamcoaching

Das Team zusammenstellen

Die Fußball-Elf, ideal, weil gleich „Urhorde“? Jetzt geht’s nicht nur darum, den idealen Teamleiter und die richtigen Mitglieder zu finden, sondern auch die Größe für Ihr Team festzulegen.

Wie ein Team gebildet wird

Handlungsfelder	Maßnahmen in der Formierungsphase
Organisation	Teamleiter auswählen; Gruppengröße bestimmen
Qualifikation	Team nach fachlichen und persönlichen Fähigkeiten zusammenstellen
Kooperation	Team nach Kooperationsfähigkeit zusammenstellen

Teambildung und Teamentwicklung gehen zumeist Hand in Hand. Mit der Zusammenstellung eines Teams mit unterschiedlichen Persönlichkeiten, Fähigkeiten und Aufgaben stellen Sie die Weichen für die weitere Entwicklung Ihres Teams. Allerdings gibt es selten eine Stunde Null, in der man nach Herzenslust unter einer Vielzahl von Teamkandidaten auswählen und Aufgaben verteilen kann. Wenn Sie sich dafür entscheiden, ein Team zu entwickeln, müssen Sie von den Gegebenheiten ausgehen: Bestehende Gruppenbildungen, fest verteilte Rollen und Aufgaben. Eine begrenzte Anzahl möglicher personeller Alternativen sollten Sie bei der Teambildung mitbedenken.

Ob bestimmte Gruppenkonstellationen schon bestehen oder ob Teams neu zusammengestellt werden, in jedem Fall steht am Beginn der Teamentwicklung die Überlegung: Haben wir den richtigen Mix, bzw. wie schaffen wir uns den richtigen Mix? Es muss geklärt werden,

- wer sich als Teamleiter eignet,
- wie groß das Team sein soll,
- wie das Team zusammengesetzt sein soll.

Wie man den richtigen Teamleiter auswählt

Teams haben Auftraggeber, z. B. Bereichs-, Abteilungs- oder Gruppenleiter, die in der Regel gegenüber dem Team die Führungsverantwortung tragen – auch die disziplinarische. Mehr und mehr setzt sich durch, dass Führungskräfte Coachingaufgaben wahrnehmen, also Teams bilden und weiterentwickeln (vgl. Kapitel *Wer übernimmt die Verantwortung für das Team?*, S. 50).

Wenn diese Führungsaufgaben außerhalb des Teams angesiedelt sind, wozu bedarf es dann noch eines Teamleiters und was sind seine Aufgaben? Die Praxis zeigt, dass auch hoch entwickelte Teams, die sehr kooperativ zusammenarbeiten, nicht auf einen Teamleiter verzichten können. Denn wenn sich jeder im Team für alles zuständig fühlt und die Arbeit nicht nach Aufgaben und Fähigkeiten verteilt ist, wird ein Team unproduktiv.

Sowohl für entwickelte Teams als auch für Teams, die erst am Anfang ihres Entwicklungsprozesses stehen, ist es also unverzichtbar, einen geeigneten Teamleiter als „Gleichen unter Gleichen" zu finden.

Was muss ein Teamleiter leisten?

Wenn Sie prüfen wollen, ob Sie sich als Teamleiter eignen, oder einen Teamsprecher suchen, sollten Sie berücksichtigen, welchen Aufgaben sich ein Teamleiter stellen muss:

- das Team koordinieren,
- das Team moderieren,
- die Teammitglieder beraten,
- Konflikte managen,
- Ergebnisse präsentieren,
- das Team nach außen repräsentieren,
- für das Team verhandeln.

Das Team koordinieren

Wichtigste Aufgabe eines Teamleiters ist, dafür zu sorgen, dass die Arbeit im Team und die Zusammenarbeit mit anderen Personen, Teams und Organisationen möglichst effektiv und reibungslos verläuft. Innerhalb des Teams heißt das

- die Teamziele zu klären und zu vereinbaren,
- die interne Arbeitsteilung und die Abläufe transparent zu machen und ständig zu verbessern,
- das Zeitbudget einzuhalten und für Termintreue zu sorgen,
- die Abstimmung mit anderen Organisationseinheiten vorzunehmen.

Damit die anderen den Kopf frei haben für die eigentliche Teamarbeit, muss die Koordinationsaufgabe von einem Teammitglied wahrgenommen werden, das verbindlich in der Form, aber eindeutig in der Sache ist, das Organisationsgeschick besitzt und führen kann, ohne das Team zu dominieren.

Das Team moderieren

Teamarbeit funktioniert nicht nach einem hierarchischen Führungsmodell oder gar einem Befehls-Gehorsam-Muster. Teamentscheidungen müssen im Konsens erfolgen, sonst droht das Team schnell auseinander zu fallen. Dabei ist die Rolle des Moderators unverzichtbar. Als „Gesprächshelfer" sorgt ein Moderator dafür, dass

- jeder „ins Spiel" kommt und seine Meinung sagen kann,
- die Argumente klar herausgearbeitet und abgewogen werden,
- Unterschiede und Gemeinsamkeiten in den Auffassungen klar erkennbar werden,
- Probleme der Kommunikation im Team erkannt und behoben werden,
- in verfahrenen Situationen das Thema vertagt oder an eine Teilgruppe delegiert wird,
- Zwischenergebnisse gesichert werden,
- das Endergebnis dokumentiert und zur weiteren Bearbeitung aufbereitet wird.

Diese Aufgabe fordert ganz bestimmte Fähigkeiten. Prüfen Sie deshalb, ob der gewählte Teamleiter

- sich selbst aus der Sachdiskussion vorübergehend herausnehmen und sich auf das Prozessgeschehen konzentrieren kann,
- zur „Meta-Kommunikation" fähig ist, d. h. ob er Beziehungs- und Verständigungsprobleme im Team ansprechen und vermitteln kann,

- mit Hilfe von Visualisierungstechniken (Flipchart, Kartenabfrage an der Pinnwand usw.) den Moderationsprozess unterstützen kann.

Teammitglieder beraten

Ein Teamleiter muss immer dann als Ansprechpartner zur Verfügung stehen, wenn ein Teammitglied den Wunsch hat, ein Thema nicht im Gesamtteam zu erörtern. Ein Teammitglied will z. B. darüber sprechen, wie ein fachliches Problem zu lösen ist, wie eine bestimmte Aufgabe am besten anzugehen ist oder auch nur wie es sich im Team sieht und gesehen wird. Die Beratung ist also auf unterschiedlichen Ebenen erforderlich:

Geht es um *Fachfragen*, kann der Teamleiter sein Know-how einbringen oder aber Wege aufzeigen, wo man sich das Wissen beschaffen kann. Der Teamleiter muss also auch selbst über ausreichend Fachwissen verfügen, um von den Teammitgliedern akzeptiert zu werden. Wichtiger aber noch ist ein Querschnittwissen, das es ihm möglich macht, Zusammenhänge aufzuzeigen und das erforderliche Know-how zu beschaffen, um die Probleme zu lösen.

Geht es um *Verfahrensfragen*, also darum wie ein Problem bearbeitet werden soll, ist der Teamleiter gefordert, mit dem Partner Möglichkeiten zu erörtern und Alternativen abzuwägen. Der Teamleiter sollte dazu ausreichende Kenntnisse über Arbeits- und Projektmethodik haben und über fachliches Methodenwissen verfügen, z. B. über die Anwendung bestimmter statistischer Verfahren.

Geht es um *Beziehungsprobleme* im Team, muss der Teamleiter vor allem zuhören und nachfragen, um die Sichtweise des Teammitglieds zu erkunden. Er sollte rasch erkennen, ob das Problem unter „vier Augen" gelöst werden kann oder ob das ganze Team einbezogen werden muss. Hier sind Fingerspitzengefühl und Einfühlungsvermögen erforderlich. Der Teamleiter muss zum einen im Sinne einer nicht-direktiven Gesprächsführung zuhören und nachfragen, die Gefühlslage des Gesprächspartners verständnisvoll spiegeln. In keinem Fall darf er die Äußerungen des Partners bewerten, abwerten oder relativieren. Auch sollte er vermeiden, vorschnell Lösungen anzubieten.

Andererseits muss ein Teamleiter, nachdem das Problem hinreichend geklärt ist, durchaus direktiv auf eine Problemlösung drängen – entweder durch eine Entscheidung des Teammitglieds oder des ganzen Teams. (Im TaschenGuide *Moderation* finden Sie weitere Anregungen zu diesem Thema.)

Konflikte im Team managen

Teamarbeit und Teamentwicklung gehen nie ohne Konflikte und Reibungsverluste ab. In den einzelnen Phasen der Teamentwicklung gibt es typische Konflikte, die wie Meilensteine den Entwicklungsprozess markieren. Die typischen Konflikte treten meist sowohl auf der Sachebene wie auf der Beziehungsebene auf:

auf der Sachebene,

- weil man sich über die gemeinsamen Ziele nicht klar wird,
- weil man Ziele verfolgt, die sich widersprechen bzw. miteinander konkurrieren,

- weil man sich über Termine, die Vorgehensweise und die Methoden nicht einigen kann,

auf der Beziehungsebene
- weil die Rollenverteilung untereinander noch nicht klar ist,
- weil die Beziehung zwischen Teamleiter und Team noch nicht eingespielt ist,
- weil zwischen den Teampartnern „chemische Prozesse" ablaufen, noch ohne Ergebnis.

In der Praxis werden Sie freilich feststellen, dass sich die dynamischen Prozesse in einem Team meist nicht so leicht in Sach- oder Beziehungskonflikte trennen lassen. Hinter einer vermeintlich sachbezogenen Auseinandersetzung verbergen sich meist Positions- und „Revierkämpfe". Der scheinbar offensichtliche Wettbewerb zweier Teammitglieder, wer den größeren Sachverstand zu einem Thema besitzt, kann im Kern eine Beziehungsstörung zugrunde liegen. Achten Sie deshalb auf die kleinen Signale und versuchen Sie den eigentlichen Grund des Konflikts zu erspüren. Werden die Konflikte produktiv gemeistert, ist die Gruppe einen Schritt weiter auf ihrem Weg zum erfolgreichen Team.

■ Konflikte und deren Klärung sind die Hefe zur Entwicklung eines Teams. Werden Konflikte nicht erkannt oder gar unter den Teppich gekehrt, gären sie unterschwellig weiter und ein Scheitern ist vorprogrammiert. ■

Wann typische Konflikte auftreten

Wollen Sie als Teamleiter erfolgreich sein, müssen Sie aktiv mit Konflikten umgehen können (siehe Kapitel *Konfliktpotenziale produktiv nutzen*, S. 76). Dazu müssen Sie wissen, in welchen Phasen der Teamentwicklung welche Konflikte entstehen können und wie man mit ihnen umgeht.

In der Formierungsphase ist noch alles offen. In dieser Phase wird denn auch häufig mit subtilen Waffen um die eigene Stellung im Team, um Macht und Einfluss gekämpft. Ein allzu vorsichtiges wechselseitiges Abtasten unter den Teammitgliedern kann schnell in eine Teameiszeit münden oder in offene Feindseligkeit umschlagen, wenn Sie nicht eingreifen. Ein im Ton verbindlicher, in der Sache aber eindeutiger Hinweis darauf, dass Streithähne das Team verlassen müssen, schafft erst einmal eine Atempause, in der die eigene Position und das eigene Verhalten im Team noch einmal überdacht werden können.

In der Orientierungsphase wird es immer dann kritisch, wenn einigen ungeduldigen Teammitgliedern die Definition der Ziele und die Vereinbarung über das weitere Vorgehen zu lang erscheinen, und sie zu Taten drängen. Geben Sie hier nach und brechen Zielfindung und Ablaufplanung ab, rächt sich das später bitter. Hier müssen Sie hartnäckig und energisch bleiben.

Im Verlauf der Aktivierungsphase treten in Teams leicht Ermüdungs- und Sättigungserscheinungen auf: Sich mit sich selbst und der Entwicklung des Teams zu beschäftigen, nagt an der Motivation. Hier muss der Teamleiter ermutigen und ermuntern nach dem Motto „Abschlaffen gilt nicht".

Teamergebnisse richtig präsentieren

Eine noch so gute Teamarbeit mit noch so guten Ergebnissen kann scheitern, wenn sie nicht richtig verkauft wird. Teamergebnisse – zumal aus der Projektarbeit – müssen immer wieder präsentiert werden, z. B. vor der Geschäftsführung, um Rechenschaft über die geleistete Arbeit abzulegen, vor dem Betriebs- bzw. Personalrat bei einem mitbestimmungspflichtigen Projekt oder vor anderen Teams, um die Abstimmung untereinander zu verbessern.

Wenn die Qualität gewahrt wird, können auch mehrere Teammitglieder ihr gemeinsames Produkt präsentieren. Effektiver aber ist es meist, wenn sich der Teamleiter mit entsprechenden Voraussetzungen auf diese Aufgabe konzentriert. Dabei kommt es auf die folgenden Fähigkeiten an:

- einen Vortrag überzeugend zu gestalten,
- abstrakte oder komplexe Zusammenhänge mit geeigneten Mitteln (z. B. Overhead-Projektor, Flipchart) zu visualisieren
- diplomatisch zu verhandeln; denn nicht selten sind mit der Präsentation von Teamergebnissen kritische Einwände und Fragen verbunden.

Das Team repräsentieren

Teamleiter wirken nicht nur nach innen, sondern auch nach außen, indem sie ihr Team und seine Arbeit repräsentieren.

Teams stehen innerhalb einer Organisation nicht allzu selten im Wettbewerb untereinander. Hier muss ein Teamleiter durchaus auch hartnäckig die Interessen und Forderungen seines Teams vertreten können, ohne dabei allerdings das Große und Ganze aus den Augen zu verlieren. Als Teamleiter sollten Sie deshalb in der Lage sein:

- die eigene Teamarbeit zu erläutern und zu präsentieren,
- sachlich und selbstbewusst die Interessen Ihres Teams zu vertreten,
- die eigene Teamarbeit in übergeordneten Zusammenhängen zu verstehen und entsprechend zu handeln.

Für das Team verhandeln

Teams handeln letztlich immer im Auftrag und nicht isoliert in einem Vakuum. Es muss also auch immer wieder mit den Auftraggebern verhandelt werden. Nicht nur Ressourcen wie Zeit und Geld müssen für das Team angemessen ausgehandelt werden, oft geht es auch um seine Ziele und Aufgaben. Bei Projekten kommt noch dazu, dass die Hilfe Dritter eingefordert werden muss, angefangen mit der erforderlichen DV-Unterstützung bis hin zur Beratung in Rechtsangelegenheiten.

Gefragt sind also verhandlungstechnisch erfahrene „knallharte Softies", die

- mit Einwänden und Kritik souverän umgehen und ergebnisorientiert verhandeln können,
- diplomatisches Geschick besitzen, also freundlich im Verhalten, aber hart in der Sache bleiben,
- kompromissfähig sind, ohne Terrain zu verschenken,
- Konflikte mit dem Auftraggeber und anderen Bereichen produktiv bewältigen können.

Checkliste: Anforderungen an den Teamleiter

Aufgaben	Anforderungen	Fähigkeiten
Koordinieren	Ziele vereinbaren; Ablauf organisieren; Zeitbudget überwachen; Außenkontakte abstimmen	Verzicht auf Dominanz; verbindlich, aber hartnäckig
Moderieren	Alle ins Spiel bringen; Argumente herausarbeiten; Moderationstechnik beherrschen; Störungen erkennen; Konsens herstellen	Visualisieren; Beziehungsstörungen erkennen und beheben
Beraten	Fach- und Methodenfragen klären; Beziehungsprobleme klären	In Alternativen denken; nicht-direktive Gesprächsführung
Konflikte managen	Rollenkonflikte im Team erkennen und klären	Die Kommunikation im Team gezielt analysieren
Präsentieren	Die Ergebnisse der Teamarbeit darstellen und „verkaufen"	Visualisieren, z. B. mit Flipchart, Overhead-Technik, Pinnwänden
Repräsentieren	Die eigene Teamarbeit in den Gesamtzusammenhang stellen und Teaminteressen vertreten	Selbstbewusster Auftritt; Balance halten zwischen Team- und Gemeinschafts-interessen
Verhandeln	Über Aufgaben, Zeit, Geld und personelle Unterstützung verhandeln	Verhandlungsstrategie und -taktik

Welches Profil braucht ein Teamleiter?

Es ist noch kein Meister und kein Teamleiter vom Himmel gefallen: Auch Teamleiter müssen in ihre Aufgaben hineinwachsen. Vieles lässt sich lernen – doch wer bestimmte Fähigkeiten schon mitbringt, wird sich leichter dabei tun. Je mehr der im Folgenden aufgelisteten Kompetenzen Sie sich zuschreiben können, desto besser:

- *Soziale Kompetenz*, um die Bedürfnisse, Interessen und Spannungen im Team zu erkennen.
- *Kontaktfähigkeit*, um Zugang zu allen Teammitgliedern zu finden und das Team nach außen zu vertreten.
- *Kooperationsfähigkeit*, um nach innen und außen eine effiziente Zusammenarbeit zu gewährleisten.
- *Integrationsfähigkeit*, um das Team zu bilden und zusammenzuhalten.
- *Kommunikationsfähigkeit*, um Informationen richtig aufzunehmen und präzise weiterzugeben.
- *Selbstkontrolle*, um das Klima positiv zu gestalten.
- *Kommunikationstechniken beherrschen*, um überzeugend zu moderieren, zu präsentieren und zu verhandeln.

Prüfen Sie Ihre Kompetenz

Jeder kann an seinem Profil arbeiten und seine Kompetenzen erweitern. Dazu freilich sollte man ein möglichst objektives Bild der eigenen Kompetenzen und Schwächen besitzen. Auf den folgenden Seiten können Sie Ihr persönliches Kompetenzprofil als Teamleiter ermitteln. Benutzen Sie dieses Instrument im Sinne von „Stärken stärken und Schwächen schwächen".

Zeichnen Sie zunächst Ihr Profil für sich. Bitten Sie dann jemanden, der Sie wirklich gut kennt, Ihr Profil zu entwerfen und vergleichen Sie danach die beiden Profile. Bei Differenzen zwischen Selbstbild und Fremdbild bitten Sie Ihren Partner um ein Gespräch. Je stärker die Profilausprägung nach rechts tendiert, desto mehr eignen Sie sich als Teamleiter.

Checkliste: Kompetenz als Teamleiter

Kompetenzbereiche	Profilausprägung schwach → stark
Soziale Kompetenz	
Erkennen von Problemen und Gefühlen anderer	☐ ☐ ☐ ☐ ☐ ☐ ☐
Berücksichtigung von Bedürfnissen anderer	☐ ☐ ☐ ☐ ☐ ☐ ☐
Eigene Wirkung auf andere realistisch einschätzen	☐ ☐ ☐ ☐ ☐ ☐ ☐
Kontaktfähigkeit	
Von sich aus auf andere zugehen, Gespräch suchen	☐ ☐ ☐ ☐ ☐ ☐ ☐
Ziele, Absichten, Methoden offen legen	☐ ☐ ☐ ☐ ☐ ☐ ☐
Anbieten von Beratung	☐ ☐ ☐ ☐ ☐ ☐ ☐
Anderen Vertrauen entgegenbringen	☐ ☐ ☐ ☐ ☐ ☐ ☐
Kooperationsfähigkeit	
Aufgreifen von Meinungen und Ideen anderer	☐ ☐ ☐ ☐ ☐ ☐ ☐
Bei Schwierigkeiten helfen	☐ ☐ ☐ ☐ ☐ ☐ ☐
Erfolgserlebnisse mit anderen teilen	☐ ☐ ☐ ☐ ☐ ☐ ☐
Integrationsfähigkeit	
Definition von Spielregeln	☐ ☐ ☐ ☐ ☐ ☐ ☐
Ausrichten unterschiedlicher Interessen auf ein Ziel	☐ ☐ ☐ ☐ ☐ ☐ ☐

Kompetenzbereiche	**Profilausprägung** **schwach → stark**
Erkennen von Konflikten, Lösungen anstreben	☐ ☐ ☐ ☐ ☐ ☐ ☐
Eingehen auf andere, ohne eigene Ideen aufzugeben	☐ ☐ ☐ ☐ ☐ ☐ ☐
Kommunikationsfähigkeit	
Informationen an andere weitergeben	☐ ☐ ☐ ☐ ☐ ☐ ☐
Keine wichtigen Informationen zurückhalten	☐ ☐ ☐ ☐ ☐ ☐ ☐
Zuhören, andere nicht unterbrechen	☐ ☐ ☐ ☐ ☐ ☐ ☐
Sich Zeit nehmen für das Gespräch	☐ ☐ ☐ ☐ ☐ ☐ ☐
Selbstkontrolle	
Nicht aggressiv reagieren	☐ ☐ ☐ ☐ ☐ ☐ ☐
Nicht laut werden	☐ ☐ ☐ ☐ ☐ ☐ ☐
Keine Spannung/Aggression erzeugen	☐ ☐ ☐ ☐ ☐ ☐ ☐
Ausgeglichene, vorhersehbare Stimmungslage	☐ ☐ ☐ ☐ ☐ ☐ ☐
Kommunikationstechniken	
Fähigkeit zu visualisieren	☐ ☐ ☐ ☐ ☐ ☐ ☐
Fähigkeit zu moderieren	☐ ☐ ☐ ☐ ☐ ☐ ☐
Repräsentieren und rhetorisch überzeugen	☐ ☐ ☐ ☐ ☐ ☐ ☐
Verhandlungstechniken beherrschen	☐ ☐ ☐ ☐ ☐ ☐ ☐

Gibt es die ideale Teamgröße?

Ein Team sollte groß genug sein, um eine produktive Vielfalt von Erfahrungen, Wissen und Fertigkeiten zu repräsentieren; es sollte aber auch klein genug sein, um rein praktisch den Austausch von Informationen und Argumenten zwischen allen Beteiligten reibungslos zu ermöglichen. Produktive Teamarbeit lebt u. a. von

- einer klaren, überschaubaren Rollen- und Aufgabenverteilung,
- dem schnellen Informationsaustausch untereinander,
- einem fruchtbaren Für und Wider der Argumente,
- einer zeitlich begrenzten Bearbeitung von Beziehungsproblemen und Konflikten.

Doch wie groß sollte ein Team sein? Ist fünf die richtige Zahl und sind zwölf zu viel für ein Team? Was sagt die Wissenschaft dazu? Aus der Verhaltensbiologie von Konrad Lorenz ist uns der Begriff der Elfer Sozietät bekannt. In dieser überschaubaren „Urhorde", so vermutet Lorenz, konnte jeder jeden noch hören, sehen, ja auch „riechen". Das war wichtig, weil man so den Zusammenhalt gegenüber anderen, feindlichen Horden sichern konnte. Und wie sieht es heute aus?

Beispiele: Teamgröße

Die Fußballelf ist das Paradebeispiel für eine „Urhorde". Vom Torwart über die Verteidiger, die Mittelfeldpositionen bis hin zu den Stürmern sind die Rollen genau verteilt. Hinzu kommt noch der Kapitän der Mannschaft, der darauf achtet, dass jeder seine Rolle wahrnimmt und seinen taktischen Auftrag erfüllt. Fehlt ein Spieler aufgrund einer Verletzung oder einer roten Karte, wird diese offene Flanke vom Gegner meist sehr schnell zum Angriff genutzt.

Eine besondere Rolle spielt die Gruppengröße auch beim Seilziehen zweier Mannschaften gegeneinander. Bis zu einer Gruppengröße von sieben steigt die Kraft einer Mannschaft proportional an, während durch jedes weitere Mannschaftsmitglied die Gruppenstärke nur noch unterproportional anwächst. Ist die Gruppe größer als zwölf, sinkt die Teamleistung sogar. Dann zieht man nicht mehr gleichzeitig an einem Strang und die Reibungsverluste nehmen zu.

Tatsächlich markiert die Zahl ± 7 den Bereich des Grenznutzens für die Produktivität eines Teams. Gruppen mit weniger als fünf Mitgliedern haben ein deutlich geringeres Potenzial, durch Synergien Spitzenleistungen zu erbringen. Teams mit mehr als elf Mitgliedern werden entweder zu Vortragsveranstaltungen oder zerfallen in Untergruppen. Der Informationsaustausch und die Dynamik des gesamten Geschehens werden unüberschaubar. Entsprechend rapide nimmt die Produktivität ab.

Was tun, wenn die Teamgröße nicht stimmt?

Wenn Sie feststellen, dass Ihr Team zu groß ist, versuchen Sie es zu teilen. Achten Sie jedoch dann darauf, dass sich die beiden Teams immer wieder zu einem Informations- und Erfahrungsaustausch zusammensetzen. Sonst besteht die Gefahr, dass gewachsene Bindungen und Synergiepotenziale verloren gehen.

Sollte Ihr Team dagegen zu klein sein, um die Leistung zu steigern, gilt ausnahmsweise der Satz: kleckern statt klotzen.

Schon ein neues Teammitglied verändert die gesamte Gruppendynamik und wirkt manchmal Wunder – im Positiven wie allerdings auch im Negativen. Geben Sie dem Team Zeit, das neue Mitglied zu integrieren. Beobachten Sie den Gruppenprozess und messen Sie den Output. Entscheiden Sie erst danach, ob das Team weiter vergrößert werden soll oder nicht. Für die praktische Teamarbeit helfen folgende Kontrollfragen, um festzustellen, ob die richtige Teamgröße gegeben ist, bzw. welcher Handlungsbedarf sich stellt. Sie sollten möglichst alle Fragen mit „Ja" beantworten können:

Checkliste: Teamgröße

	Ja	Nein
Kann sich das Team regelmäßig und ohne zu großen Koordinierungsaufwand versammeln?	❑	❑
Ist allen die Rollen- und Aufgabenverteilung im Team bekannt?	❑	❑
Haben alle Teammitglieder die Chance, zu Wort zu kommen?	❑	❑
Beteiligen sich alle Teammitglieder aktiv, so dass Vielredner keine Chance haben und die anderen auch nicht in Konsumentenhaltung verharren?	❑	❑
Gibt es „echte" Teambesprechungen und nicht bloß Zweier- und Dreiergespräche?	❑	❑
Gehen vom Team neue Impulse aus?	❑	❑
Hat das Team Dynamik und sitzt seine Stunden nicht nur ab?	❑	❑

Auf den richtigen Teammix kommt es an

Wichtige Voraussetzung für die Entwicklung eines Teams zur Spitzenleistung ist der richtige Mix. Drei Faktoren sind bei der Auswahl der Teammitglieder zu beachten:

- die fachliche Qualifikation,
- die Persönlichkeitsprofile und
- die Teamfähigkeit.

All diese Faktoren sind für ein erfolgreiches Team wichtig. Achten Sie also darauf, dass kein Bereich in Ihrem Team zu kurz kommt.

Prüfen Sie die fachliche Qualifikation

Die Unterschiede zwischen den Anforderungen an die Mitglieder von Teams sind immens. Denken Sie z. B. an ein Sportteam – dort sind körperliche und spielerisch-taktische Fähigkeiten gefragt, an ein Forschungsteam mit methodischen und fachwissenschaftlichen Anforderungen oder an ein Bauteam im Ausland, das nicht nur bautechnische und handwerkliche Fähigkeiten braucht, sondern ebenso interkulturelles Verständnis und Fremdsprachenkenntnisse.

Die fachlichen Anforderungen sind also abhängig von der konkreten Aufgabe des jeweiligen Teams. Vor der eigentlichen Teambildung sollten deshalb die fachlichen Anforderungen, die mit der Aufgabe verbunden sind, zusammengestellt werden. Sie schaffen sich damit die Basis, die Fähigkeiten der einzelnen Teammitglieder mit den geforderten Fachkenntnissen abzugleichen und können so den Bedarf an fachlicher Teamentwicklung ermitteln.

Als Instrument zum Vergleich von fachlichen Anforderungen und fachlichen Ist-Profilen können Sie die folgende Checkliste nutzen.

Checkliste: Fachliche Anforderungen

Wissen & Fertigkeiten	Anforderungen			Ist-Profil		
	Niedrig	Mittel	Hoch	Niedrig	Mittel	Hoch
Allgemeines Fachwissen	☐	☐	☐	☐	☐	☐
Fachliches Spezialwissen	☐	☐	☐	☐	☐	☐
Wissen aus anderen Fachgebieten	☐	☐	☐	☐	☐	☐
Fertigkeiten, z. B.						
– DV-Anwendungen	☐	☐	☐	☐	☐	☐
– statistische Verfahren	☐	☐	☐	☐	☐	☐
– technische Verfahren	☐	☐	☐	☐	☐	☐
Sprachkenntnisse	☐	☐	☐	☐	☐	☐
Sonstige Kenntnisse und Fertigkeiten	☐	☐	☐	☐	☐	☐

Bei der Zusammensetzung eines Teams sollten Sie darauf achten, dass sich möglichst alle Teammitglieder auf einem vergleichbaren fachlichen Leistungsniveau bewegen. Das ist gerade zu Beginn der Teamentwicklung jedoch häufig nicht der Fall. Hoffnungsträger sind dann vor allem die Teammitglieder, die zwar die Leistungsvoraussetzungen noch nicht ganz erfüllen, sich aber durch ihre Motivation und Lernbereitschaft auszeichnen. Denn Teamentwicklung ist vor allem auch ein Lernprozess.

Checken Sie die Persönlichkeitsprofile

Vor der Anwendung von „Schablonen" und „Schubladen" beim Umgang mit Menschen wird häufig gewarnt. Gleichwohl brauchen wir im Alltag solche Schablonen, um uns überhaupt zurechtzufinden. Jeder von uns hat seine eigene Wirklichkeit, in der Personen und Zusammenhänge interpretiert werden. Es kommt also darauf an, solche „Schubladen" so zu nutzen, dass wir Tendenzen erkennen, mit denen wir arbeiten können, ohne unsere Mitmenschen ein für allemal in eine „Schublade" zu stecken, aus der es kein Entrinnen mehr gibt.

Bei der Teambildung ist es wichtig, dass wir unsere Wahrnehmungen und Interpretationen bis zu einem gewissen Grad untereinander abgleichen und uns um ein gemeinsames Verständnis von Personen und deren Handlungsweise bemühen. Die folgende Typologie von Persönlichkeitsmerkmalen und Verhaltensmustern soll Sie dabei unterstützen. Sie können unterscheiden, zwischen

- stark außenorientierten und personenbezogenen „Botschaftern", die es verstehen, schnell Kontakt aufzunehmen und Dinge zu verkaufen;

Persönlichkeits- und Verhaltens-Check

„Botschafter“ | **„Macher“**

Außenorientiert

„Botschafter“: Nimmt schnell Kontakt auf; kann positive Bindung herstellen; zeigt/hat Selbstvertrauen; ist wettbewerbsorientiert; kann Situationen gut einschätzen; gewinnt Vertrauen; kann auf Bedürfnisse anderer eingehen; kann überzeugen; Mobilität, Flexibilität; Enthusiasmus; Einfühlungsvermögen; positive Ausstrahlung; kann zuhören; Präsentationsfähigkeit

„Macher“: Setzt Ziele; Macher/Auslöser von Veränderungen; ist fähig, komplexe Situationen schnell und treffsicher einzuschätzen; zeigt Selbstvertrauen; vorausschauendes Denken und Planen; durchsetzungsfähig; leistungsorientiert; strategisches Denken; Risikobereitschaft; entscheidungsfreudig; belastbar; ausdauernd; kontaktfähig; wettbewerbsorientiert

Personenbezogen ⟷ **Sachbezogen**

„Moderator“: Kann positive Bindung herstellen; ist reflexionsfähig; Einfühlungsvermögen; Anpassungsfähigkeit an Teams; ist bereit, eigene Interessen zugunsten gemeinsamer Ziele zurückzustellen; motivationsfähig; Moderationsfähigkeit; Fähigkeit, Vertrauen zu gewinnen; interessenausgleichend; zeigt Wertschätzung und Anerkennung; ist entwicklungsorientiert

„Experte“: Fachkompetent; ist lösungs- und ergebnisorientiert; logisch-analytisches Denken; ausdauernd; hat innovative Ideen; arbeitet Ziele aus und findet Wege; projektorientierte Kooperationsfähigkeit; Überzeugungskraft; befasst sich mit Details; sucht nach veränderten Perspektiven; hinterfragt kritisch; Präsentationsfähigkeit; ist leistungsorientiert

Binnenorientiert

„Moderator“ | **„Experte“**

- stark außenorientierten und sachbezogenen „Machern", die vorausschauend denken und planen und Risiko und Wettbewerb nicht scheuen;
- eher binnenorientierten und personenbezogenen „Moderatoren", die reflektiert und einfühlsam Entwicklungen voranbringen können;
- eher binnenorientierten und sachbezogenen „Experten", die auch projektbezogen und kenntnisreich im Detail innovativ nach Lösungen und Ergebnissen suchen.

Wie können Sie die Typologie nutzen?

Auf den ersten Blick mag es so aussehen, als würden „Moderatoren" und „Experten" die Idealbesetzung für ein Team darstellen. Doch Vorsicht: Gebraucht werden auch Teammitglieder, die die Gruppe anspornen und strategisch planvoll beeinflussen können, und Teammitglieder, die das Team und dessen Ergebnisse „verkaufen" können. Mit anderen Worten, alle Persönlichkeiten sind gefragt.

> ■ In einer Typologie wird systematisch voneinander abgegrenzt, was in Wirklichkeit sanft ineinander übergeht. ■

Jeder Typ wird auch Merkmale der anderen drei Typen haben. Je nach Situation können die Rollen auch getauscht werden: der „Macher" moderiert eine Gruppe, der „Experte" repräsentiert ein Team, der „Botschafter" engagiert sich bei der Lösung eines Problems usw. Im Großen und Ganzen bleiben wir uns aber treu und gewisse Merkmale unserer Persönlichkeit und unseres Verhaltens sind für jeden von uns charakteristisch.

Als Teamcoach oder Teamleiter können Sie auf der Basis dieser Typologie zum einen Teammitglieder gezielt aussuchen. Zum anderen haben Sie die Möglichkeit, schon bestehende Gruppen unter dem Aspekt der Persönlichkeitsprofile zu analysieren.

Stärken und Schwächen verschiedener Persönlichkeitsprofile

Persönlichkeitsprofil	Stärken im Team	Schwächen im Team
„Botschafter"	Stellt schnell Kontakt im Team her und für das Team nach außen; reißt mit und ist flexibel	Begeisterung flaut leicht ab; scheut Detailarbeit; Neigung zum Solospieler
„Macher"	Nimmt Ziele ernst; erkennt Zusammenhänge; arbeitet strategisch, planvoll; spornt an	Wendet sich ab oder wird aggressiv, wenn andere seine Ideen nicht teilen; Neigung zum Autokraten
„Moderator"	Integriert, steuert den Prozess ohne unbedingten Anspruch auf die Führungsrolle	Leistungsanspruch eher schwach; kann das Ziel aus den Augen verlieren; Neigung zum Guru
„Experte"	Geht den Dingen auf den Grund; geht projektorientiert und planvoll vor	„Bohrt tief", wo es darum geht, „Land zu gewinnen"; Neigung zum „Bastler"

Im Rahmen der Teamentwicklung können Sie die folgende Checkliste in der Orientierungs- bzw. in der Aktivierungs- und

Stabilisierungsphase gezielt einsetzen. Jedes Teammitglied schätzt sich selbst und die anderen Teammitglieder danach ein, welcher Typus jeweils dominiert. Anschließend erläutert und begründet jeder jedem, wie er zu seiner Einschätzung gekommen ist. Dies kann insbesondere dann hilfreich sein, wenn in der Gruppe Rollenkonflikte und Störungen in der Kommunikation entstanden sind.

Checkliste: Persönlichkeitsprofile und Verhaltensmuster

Welches Profil hat der Teamleiter oder soll er haben?	______ ______
Welche Persönlichkeitsprofile braucht das Team?	______ ______
Sind bei der bisherigen Zusammenstellung des Teams Profile unter- bzw. überrepräsentiert?	______ ______ ______ ______
Welche Rollenkonflikte können zwischen den einzelnen Persönlichkeiten entstehen?	______ ______ ______
Welche Arbeitsteilung bietet sich aufgrund vorhandener Profile an?	______ ______ ______
Gibt es dominante Persönlichkeiten, die das Team sprengen bzw. lähmen können?	______ ______ ______

Testen Sie die Teamfähigkeit

Teamfähigkeit ist sowohl Voraussetzung als auch Ergebnis einer Teamentwicklung. Das klingt paradox. Doch ohne eine Basisfähigkeit, mit anderen Gruppenmitgliedern ergebnisorientiert zusammenzuarbeiten, geht nichts. Bei der Teambildung gilt es also, erst einmal die Anforderungen an die Teamfähigkeit zu benennen. Dann bedarf es sowohl einer kritischen Selbsteinschätzung der Teamkandidaten, als auch der Fremdeinschätzung, ob bzw. inwieweit man diesen Anforderungen entsprechen will und kann.

Wer von sich selbst weiß, dass er diesen Anforderungen nicht entspricht oder entsprechen will, sollte die Finger von der Teamarbeit lassen. Druck von außen anzuwenden oder jemanden gegen seine Überzeugung zur Teamarbeit zu überreden, führt unweigerlich zu Frust auf beiden Seiten.

Wenn Sie bereit sind, den Anforderungen zu entsprechen, kann für Sie der Prozess beginnen, Ihre Kompetenz zur produktiven Teamarbeit weiterzuentwickeln. Wenn Sie in der Phase der Teambildung sind, nutzen Sie den folgenden Anforderungscheck, um sich selbst und andere zu prüfen. Vergleichen Sie dabei die jeweilige Selbst- und Fremdeinschätzung. Das ist der erste Schritt zur Teamentwicklung.

Checkliste: Wie teamfähig sind Sie?

Anforderungen	Selbsteinschätzung					Fremdeinschätzung				
	++	+	0	–	– –	++	+	0	–	– –
Offen kommunizieren										
Information geben										
Feedback geben										
Ideen aufnehmen										
Wissen einbringen										
Teamziele erarbeiten										
Teamregeln beachten										
Kompromisse eingehen										
Sagen, was man denkt										
Anderen zuhören										
Sich in andere versetzen										
Anderen helfen										
Verlauf mitsteuern										
Flexibel sein										

Wenn sich Ihre Ergebnisse bei selbstkritischer Betrachtung mehr im positiven Bereich befinden und Ihnen andere dies Ergebnis bestätigen, stehen Ihnen alle Türen für erfolgreiche Teamarbeit und Teamentwicklung offen.

Vorsicht vor Laumännern und Heckenschützen

Der Teamarbeit sind dort Grenzen gesetzt, wo es – bei allem guten Willen – an der Teamfähigkeit einzelner Mitglieder mangelt. Gefährlich für die Teambildung und Teamentwicklung wird es dann, wenn einzelne die Teamzugehörigkeit missbrauchen, um eigene Leistungsschwächen zu kaschieren oder persönliche Machtziele zu verfolgen.

Trittbrettfahrer

„Fein, ich mache Teamwork, arbeiten können die anderen!" Eine solche Haltung kann das Aus für ein Team bedeuten. Seien Sie auf der Hut: Teams dürfen nicht zur Fluchtburg werden, weil die Mitarbeiter

- ihre Leistungsschwäche auf Kosten anderer in der Gruppe verbergen wollen,
- den eigenen, an persönlicher Leistung messbaren Arbeitsplatz fliehen,
- Anerkennung durch geistreiche Auftritte in der Gruppe suchen,
- die Gruppe als emotionale Hängematte nutzen wollen.

Das modische Etikett „Team" schützt nicht davor, dass Schwachleister, Schaumschläger oder Schmusesucher das Niveau einer Gruppe nach unten ziehen und Gruppen zu kollektiven „Schlechtleistern" werden.

Spätestens in der zweiten Phase der Teamentwicklung, der Orientierungsphase, wird es ernst für Laumänner. Durch Zielvereinbarungen und persönliche Verantwortlichkeiten entsteht ein Koordinatensystem, in dem auch die individuelle Leistung messbar wird.

Wenn Sie also ein Team zusammenstellen, achten Sie schon in der Formierungsphase darauf, dass Sie Leistungsträger und keine Trittbrettfahrer bekommen. Das gesamte Team wird es Ihnen danken.

Checkliste: Leistungsverhalten

Wie ist das individuelle Leistungsverhalten der zukünftigen Teammitglieder bisher gewesen?	
Haben sie sich schon einmal durch besondere Leistungen hervorgehoben?	
Sind sie in Projekten aktiv gewesen, und wie war ihr persönlicher Anteil am Ergebnis?	
Gibt es Anzeichen dafür, dass sie Leistung und Verantwortung scheuen?	
Gibt es Anzeichen dafür, dass sie von anderen „weggelobt" und ins Team „hineingelobt" wurden?	

Nur Einzelkämpfer siegen?

Vorsicht ist auch geboten gegenüber „Kandidaten", die sich später als „Wölfe im Schafspelz" und als „Heckenschützen" erweisen können. Mit solchen Verhaltensmustern ist man umso mehr konfrontiert je stärker die jeweiligen Organisationen von Machtkämpfen, Intrigen und persönlichen Eitelkeiten bestimmt werden. Auch wenn in offiziellen Aussagen der Teamgeist beschworen wird und in Leitbildern und Führungsgrundsätzen verankert ist: Die Realität wird letztlich doch durch verdeckte Organisationsspiele geprägt. Dies hat für die Praxis der Teamentwicklung nicht selten Konsequenzen:

- Das obere Management praktiziert untereinander den harten „Nahkampf". Das vorgelebte Beispiel wird meist durch die jeweiligen Mitarbeiter „nach unten" weitergegeben.
- Das Prinzip „jeder gegen jeden" wird offiziell oder inoffiziell zum Leitbild erhoben und entsprechende Karrieren werden als Mythos wach gehalten.
- Mitarbeiter werden als Sprengköpfe und Spione in Teams entsandt.
- Teammitglieder „spielen Team", nutzen es aber nur zur eigenen Profilierung und dem Verfolgen eigener Interessen.

Gegen eine solchermaßen ausgeprägte Einzelkämpferkultur in Organisationen ist allerdings kaum ein Kraut gewachsen. Hier werden Sie immer auf Trittbrettfahrer und Einzelkämpfer stoßen, die das Team für eigene Zwecke instrumentalisieren. Um Missverständnissen vorzubeugen: Ein Bekenntnis zu Teamentwicklung und Teamarbeit bedeutet nicht, dass damit jeglicher Wettbewerb ausgeschaltet wird oder werden soll. Der Wettbewerb Einzelner um bessere Leistung und um Ansehen und Einfluss, ist eine wichtige Triebfeder auch für die Leistung und den Erfolg einer ganzen Organisation.

■ Wenn Sie ein Team zusammenstellen, achten Sie darauf, dass die Mitarbeiter aus einem Umfeld kommen, in dem Vertrauen und individuelle Leistung etwas gelten. „Gewächse" einer ausgeprägten „Misstrauensorganisation" erschweren Teamentwicklung erheblich. ■

Checkliste: Unternehmenskultur

Kommen die Mitarbeiter aus Organisationen mit wenigen oder sehr vielen Hierarchieebenen?	
Sind die Mitarbeiter gewohnt, eigenständig zu arbeiten oder werden sie stark reglementiert?	
Sind die Mitarbeiter eine flexible, bedarfsgerechte Arbeitszeitgestaltung oder eine strikte Zeiterfassung gewohnt?	
Sind die Mitarbeiter Handlungsfreiheit im Rahmen von Zielvereinbarungen oder Anweisungen gewohnt?	
Sind die Mitarbeiter Offenheit und Feedback oder nur eine verdeckte Kommunikation gewohnt?	

Den Handlungsrahmen abstecken

Zwischen Warmlaufen und Spiel: Jetzt will nicht nur Ihre Mannschaft organisiert sein, sondern es müssen auch Ziele und Aufgaben festgelegt werden.

Was in der Orientierungsphase wichtig ist

Handlungsfelder	Maßnahmen in der Formierungsphase
Organisation	Aufbau, Ablauf und Handlungsrahmen; Zielvereinbarung
Qualifikation	Keine
Kooperation	Keine

Der Teamleiter ist bestimmt, die Teammitglieder sind ausgewählt. Mit dem nächsten Schritt beginnt nun die Arbeit im Team – sie beginnt als Arbeit am Team. Die Orientierungsphase ist die kritischste Phase der Teamentwicklung. Der Orientierungsrahmen und das Koordinatensystem für das gemeinsame Handeln müssen noch abgesteckt werden. Regeln für die Zusammenarbeit müssen erst erstellt werden. Spannungen und Konflikte in dieser Phase sind keine Seltenheit und nur allzu schnell scheint die Situation ausweglos.

Die Orientierungsprobleme in dieser Phase äußern sich häufig folgendermaßen:

- die organisatorische Abgrenzung ist im Team unklar;
- es ist unklar, wer für das Team verantwortlich ist;
- Verfahrensfragen werden langatmig behandelt;
- es wird kontrovers über die richtigen Ziele diskutiert;
- die Aufgaben sind nicht allen klar;

- der Sinn und Zweck des Teamauftrags wird in Zweifel gezogen;
- der Teamleiter wird angegriffen;
- man tastet sich gegenseitig vorsichtig ab;
- es besteht Unklarheit darüber, wer was kann und tun soll.

Es treffen Unsicherheiten auf persönlicher und inhaltlicher Ebene aufeinander. Schwierigkeiten in dieser Phase gehören also dazu und die Teammitglieder sollten darauf vorbereitet sein. Kontroversen auf der Sachebene entpuppen sich bei näherer Betrachtung häufig als Probleme auf der Beziehungsebene. Um keine „Spielchen" um Macht und Einfluss entstehen zu lassen, sollten Sie für eine verbindliche Organisation und klare Ziele zwischen allen an der Teamentwicklung Beteiligten sorgen.

Wie wird ein Team organisiert?

Teamarbeit, Teambildung und -entwicklung fordern eine ganz spezifische wohldurchdachte Organisation. Es ist also nicht damit getan, über vorhandene Organisationseinheiten einfach den modischen Teambegriff überzustülpen. Für eine effiziente Teamentwicklung und eine erfolgreiche Teamarbeit sind zunächst vier Organisationsfragen grundsätzlich zu klären:

1. Wer übernimmt die Verantwortung für das Team?
2. Wie wird das Team in die Organisation eingefügt?
3. Welchen Handlungsspielraum braucht das Team?
4. Wie wird die alltägliche Arbeit organisiert?

1 Wer übernimmt die Verantwortung für das Team?

Durch klare Absprache darüber, wer welche Verantwortung für die Entwicklung eines Teams und dessen Input und Output trägt, wird verhindert, dass Teamentwicklung zur „unendlichen Geschichte" oder vollends zur Misserfolgsstory wird. Folgende Rollen und Verantwortlichkeiten gilt es zu verteilen:

- Gesamtleitung
- Coaching
- Teamleitung
- Teammitarbeiter.

Gesamtleitung

Diese Rolle kann von einer Führungskraft, der Geschäftsführung oder einem Steuerungsausschuss wahrgenommen werden. In der Praxis können Führungsaufgaben an den Teamleiter delegiert werden (Abteilungsleiter = Teamleiter). Diese Doppelrolle empfiehlt sich allerdings nur dann, wenn ein besonderes Vertrauensverhältnis zwischen Team und Teamleiter besteht und der Teamleiter ein sehr bewusstes Rollenverständnis vertritt. Die Gesamtverantwortung umfasst

- die Erteilung und Veränderung des Teamauftrags,
- die Zielvereinbarung und das Controlling,
- die Personalverantwortung gegenüber Teamleiter und Teammitgliedern.

Verzichten Sie in keinem Fall auf verbindliche Absprachen, wenn Mitarbeiter zugleich in ein Team, z. B. ein Projekt, und in eine andere Organisationseinheit, z. B. eine Abteilung, eingebunden sind.

Coaching

Coaching kann von einer erfahrenen und qualifizierten Führungskraft oder einem externen Berater wahrgenommen werden. Insbesondere in der Startphase einer Teamentwicklung sollte externe Unterstützung dabei sein. Das Coachen von Teams umfasst:

- die Unterstützung insbesondere des Teamleiters im systematischen Teamentwicklungsprozess,
- die Sicherung des Teamspielraums durch die Beratung der Führungskräfte, die Gesamtverantwortung für das Team tragen,
- die Beratung des Teams und einzelner Teammitglieder bei persönlichen Problemen oder Konflikten.

Teamleitung

Der Teamleiter hat keine disziplinarische Verantwortung. Als „Erster unter Gleichen" ist er verantwortlich

- nach innen für die Koordination, Moderation, Beratung und Konfliktregulierung,
- nach außen für Verhandlungen und die Repräsentation bzw. Präsentation des Teams bzw. der Teamleistungen.

(Siehe dazu auch das Kapitel *Wie man den richtigen Teamleiter auswählt*, S. 17.)

Teammitarbeiter

Die Arbeit im Team darf nicht zur „Hängemattenpartie" werden, in der jeder sich auf den anderen verlässt. Deshalb trägt jedes Teammitglied neben der Verantwortung für besondere Aufgaben auch Querschnittsverantwortung für das gesamte Team:

- Informationsverantwortung, d. h. die aktive wechselseitige Bereitstellung aller wichtigen Erkenntnisse und Daten,
- Prozessverantwortung, d. h. die aktive Mitgestaltung der Teilschritte der Teamarbeit,
- Ergebnisverantwortung für die eigene Aufgabe und das Gesamtergebnis des Teams.

Rollenverteilung in der Teamentwicklung

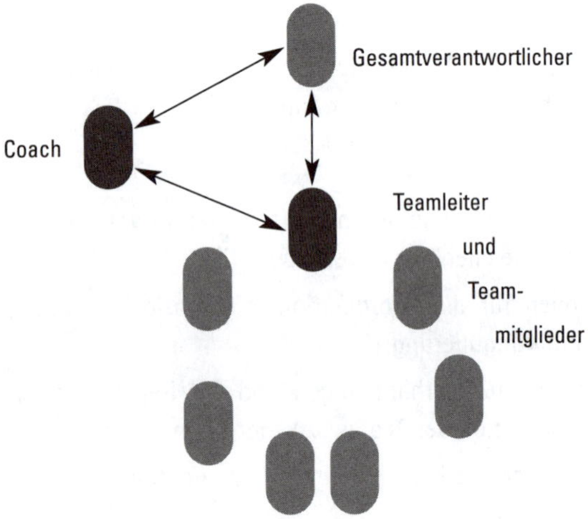

2 Wie wird das Team in die Organisation eingefügt?

Teambildung und Teamentwicklung erfolgen nicht im leeren Raum. Die Pflegegruppe einer Krankenhausstation, die Montagegruppe einer Werkzeugmaschinenfabrik oder die Forschungs- und Entwicklungsabteilung eines Hightech-Unternehmens, in aller Regel verfügen sie über eine definierte Aufbau- und Ablauforganisation. Das Miteinander wird geregelt durch Organigramme, Stellen- und Aufgabenbeschreibungen, Hierarchien, Zielvereinbarungen, Budgets und Zeitpläne. Und außerhalb der Wirtschaft, in Kirchen, Verbänden und Vereinen, sieht es meist nicht viel anders aus.

Für die Teamentwicklung reicht es nicht aus, diese Organisationseinheiten einfach zu Teams zu erklären. Das Team muss vielmehr in die bestehende Organisation eingefügt werden. Oft müssen die Voraussetzungen für eine erfolgreiche Teamentwicklung erst geschaffen werden. Es gibt im Wesentlichen zwei Ansätze der organisatorischen Teambildung:

- die Abteilungs- oder Gruppenorganisation,
- die Schnittstellen- und Projektorganisation.

Abteilungs- oder Gruppenorganisation

Der eine Ansatz zielt darauf, eine bereits bestehende Organisationseinheit mit den vorhandenen Mitarbeiterinnen und Mitarbeitern, z. B. eine Abteilung oder eine Gruppe, zu einem Team umzugestalten. Das ist keine leichte Sache und Vorsicht ist geboten. Denn durch eine langjährige Zusammenarbeit haben sich meist Verhaltensweisen und Kommunikationsformen eingeschliffen, die für eine Teamentwicklung eher hinderlich sein können. Je ausgeprägter die „Grünpflanzenkultur" mit ihren Ritualen, wer mit wem redet oder nicht, wer für wen Kaffee kocht und wer welche Tasse benutzen darf, desto geringer sind die Chancen für eine echte Teambildung und Teamentwicklung.

Bevor Sie diesen Weg gehen, sollten Sie deshalb folgende Fragen prüfen und beantworten:

Checkliste: Abteilung oder Gruppe?

	Ja	Nein
Ist die bisherige Gruppen- bzw. Abteilungsleitung wirklich in der Lage, einen Teamentwicklungsprozess anzuleiten und zu begleiten?	❏	❏
Verfügen die Gruppenmitglieder über genug Selbstbewusstsein und Autonomie, um sich in einem Teamentwicklungsprozess zu behaupten?	❏	❏
Sind die Leistungsvoraussetzungen gegeben, um Synergien zu erzeugen?	❏	❏
Sind die Gruppenmitglieder noch lernfähig?	❏	❏
Begünstigen die vorhandenen Formen der Zusammenarbeit und Kommunikation in der Gruppe die Entstehung von Vertrauen und Loyalität?	❏	❏
Stimmt die Gruppengröße?	❏	❏

Kommen Sie bei der Beantwortung dieser Fragen zu einem eher negativen Ergebnis, müssen Sie sich daran machen, Schritt für Schritt die Gruppe umzubauen – angefangen bei der Leitung. Wenn Sie dann ein Kernteam von zwei bis drei Mitarbeitern haben, das die Keimzelle für die Teamentwicklung sein kann, müssen Sie möglichst rasch für einen personellen Wechsel bei den übrigen Gruppenmitgliedern sorgen.

Schnittstellen- und Projektorganisation

Ein weiterer Ansatz, ein Team organisatorisch einzubinden, besteht darin, an der Schnittstelle bestehender Organisationseinheiten dauerhaft oder auf Zeit eine neue Organisationseinheit einzurichten.

Damit haben Sie die beste Voraussetzung, denn es besteht von vornherein die Chance, die Größe, Struktur und Leitung des Teams neu zu bestimmen. Befristet und auf kurz- bis mittelfristige Ergebnisse angelegt, bieten Projekte günstige Voraussetzungen für eine Teamentwicklung. Das „Projektzelt" wird über vorhandene Einheiten „gespannt", die einen Beitrag zum Projektziel leisten können. Für die Teambildung und die Teamentwicklung beginnt damit die Stunde null. (Mehr zum Thema „Projektarbeit" erfahren Sie im TaschenGuide *Projektmanagement.*)

3 Welchen Handlungsspielraum braucht ein Team?

Gleichgültig wie Ihr Team in die Organisation eingebunden ist – innerhalb des vorgegebenen Rahmens können die Freiräume sehr unterschiedlich bemessen sein. Auf die Situation kommt es an.

Beispiele
Vom Fußballteam wird erwartet, dass es das nächste Spiel gewinnt. Strategische und taktische Hinweise des Trainers stecken den Handlungsspielraum der Spieler ab, in dem sie sich im „Ernstfall" aber frei bewegen müssen. (Fußballfans wissen, dass es hier häufig – vor allem nach einem verlorenen Spiel – Auseinandersetzungen zwischen Spielern und Trainer gibt, ob der spielerische Freiraum zu wenig genutzt oder aber überschritten worden ist.)

Die Automobil-Fertigungsgruppe soll effektiv und fehlerfrei produzieren. Die Arbeitsorganisation und die Abläufe können dabei so gestaltet werden, dass die Gruppenmitglieder entweder zu Robotern werden oder aber eigenverantwortlich im Team die gesamte Fertigung über die Schnittstellen Arbeitsvorbereitung, Fertigung und Qualitätssicherung hinweg verantworten.

Das Forschungsteam eines Pharmakonzerns soll ein neues Antiallergikum entwickeln. Im Rahmen eines Personal-, Sachkosten- und Zeitbudgets hat das Forschungsteam völlig freie Hand. Der Handlungs- und Entscheidungsspielraum ist also sehr groß.

Von der Firmenkunden-Kreditabteilung einer Bank wird die sichere Prüfung, Votierung und Abwicklung von Krediten erwartet. Die Kompetenzen und Richtlinien sind zumeist klar definiert. Gerade in den letzten Jahren haben sich in den Banken die „notleidenden Kredite" gehäuft. Das hat u. a. dazu geführt, dass man sich nicht mehr nur auf das Einzelvotum von Mitarbeitern in ihrem Kompetenzrahmen verlässt. Vielmehr bewerten Teams neben der Bilanz auch die Strategie und das Management eines Unternehmens und kommen somit zu einem abgerundeten Urteil.

Die Beispiele zeigen, dass dem Handlungs- und Entscheidungsspielraum von Teams immer ein Rahmen gegeben ist. Dieser kann ablaufbedingt enger gefasst sein, z. B. in der Fertigung, oder weiter, wie in der Forschung.

■ Wer Verantwortung für die Teamentwicklung trägt - also Teamleiter, Coach und Gesamtverantwortlicher - muss dafür Sorge tragen, dass das Team ein Maximum an Handlungs- und Entscheidungsspielraum innerhalb eines vorgegebenen Rahmens hat. Das begünstigt die Teamentwicklung und ermöglicht Spitzenleistungen. ■

4 Wie wird die alltägliche Arbeit organisiert?

Erfolgreiche Teamentwicklung und Teamarbeit hängen manchmal von ganz banalen Dingen ab, die aber eben doch organisiert sein müssen. Diese Dinge im Griff zu haben, gehört zu den Koordinationsaufgaben des Teamleiters. Doch das alleine genügt nicht: Die hohe Selbstverantwortung und Selbststeuerung des Teams erfordern, dass die Teammitglieder sich auch selbst organisieren.

Mit der folgenden Checkliste können Sie prüfen, ob die Basisforderungen für eine gelungene Organisation gegeben sind.

Checkliste: Teamorganisation

	Ja	Nein
Gibt es einen eigenen Arbeitsraum für das Team?	❑	❑
Gibt es geeignete Nebenräume?	❑	❑
Sind die Räume ausreichend und zweckmäßig möbliert?	❑	❑
Ist die Telekommunikation zweckgemäß eingerichtet?	❑	❑
Ist die Nähe zu wichtigen Kooperationspartnern gegeben?	❑	❑
Ist bei Projekten das Zeitbudget der Teammitglieder geklärt?	❑	❑
Ist ein Zeitplan erstellt?	❑	❑
Ist die Dokumentation der Teamergebnisse geklärt?	❑	❑

Wie vereinbart man Teamziele?

Für die effektive Teamarbeit mit einem hohen Leistungsanspruch gilt derselbe Grundsatz wie für die Unternehmens- und Mitarbeiterführung: Was man nicht messen kann, kann man auch nicht managen.

■ Teamziele müssen konkret sein. Sie müssen quantifiziert und terminiert sein. ■

Zu Beginn einer Teamarbeit ist die Zielbestimmung meist noch eher vage und als Auftrag oder Aufgabe formuliert. Jetzt

– zu Beginn des Arbeitsprozesses – gilt es, den Auftrag bzw. die Aufgabenstellung in ein oder mehrere messbare Ziele zu übersetzen. Die Zeit, die hierfür investiert wird, macht sich bezahlt. Eine klare Zielorientierung zu Beginn verhindert Desorientierung und die zermürbende Suche nach dem roten Faden im Verlauf der Teamarbeit. Vereinbarte Ziele versprechen für das Team Erfolgsgefühle, andererseits erlauben sie auch ein Controlling von Maßnahmen und Meilensteinen zur Zielerreichung.

Controlling heißt für Führungskräfte und Teamsprecher in erster Linie, als *Coach* des Teams den Realisierungsstand der Ziele und die ergriffenen Maßnahmen zu analysieren, bei Realisierungsschwierigkeiten die Suche nach Lösungswegen zu unterstützen, mentale und moralische Unterstützung zu bieten sowie flankierende Maßnahmen abzustimmen.

Formblatt Zielvereinbarung

Ziele	Meilensteine	Endtermin
____________ ____________ ____________	____________ ____________ ____________	
____________ ____________ ____________	____________ ____________ ____________	
____________ ____________ ____________	____________ ____________ ____________	
____________ ____________ ____________	____________ ____________ ____________	
...	...	
Unterschriften Team		Unterschrift Führungskraft

Entscheidend für die Zielbildung im Team ist, dass sie untereinander einvernehmlich vereinbart wird. Deshalb empfiehlt es sich auch, vereinbarte Ziele schriftlich zu dokumentieren.

Ziele schriftlich vereinbaren

Im betrieblichen Alltag werden ständig Informationen ausgetauscht und Ziele, Maßnahmen und Termine abgesprochen. Würden diese alle dokumentiert, stünde am Ende eine lähmende Papiertigerei. Allerdings resultieren zahlreiche betriebliche Konflikte und Pannen aus der Unverbindlichkeit der mündlichen Kommunikation. Zwischen dem, was einer sagt und dabei meint und dem, was ein anderer hört und meint zu verstehen und dann tut, können manchmal Welten liegen.

Für die Zielvereinbarung im Team bzw. der für das Team verantwortlichen Führungskraft ist deshalb die schriftliche Dokumentation unerlässlich. Am besten Sie verwenden ein einfaches Formblatt (siehe Seite 60).

Ziele messbar machen

Ziele messbar machen heißt, ein eindeutiges quantitatives Ergebnis zu definieren und den Zeitpunkt zu benennen, zu dem dieses Ergebnis erreicht ist. Häufig spricht man auch von operationalisieren. Das Ziel dabei ist, sich von der Unverbindlichkeit von Absichtserklärungen zu verabschieden:

Absichtserklärungen	**Operationale Ziele**
• Wir wollen den Umsatz steigern.	• Der Umsatz ist um 25 % gestiegen (Monat).
• Die Servicequalität soll besser werden.	• Anfragen werden binnen 3 Tagen beantwortet (Monat).
• Ich intensiviere die Außendiensttätigkeit.	• Je Quartal besuche ich 24 Kunden.
• Der Ausschuss muss verringert werden.	• Die Ausschussquote ist um 20 % gesunken (Monat).
• Die Personalentwicklung wird verstärkt.	• Ein neues Beurteilungswesen ist erarbeitet (Monat).

Und noch ein Tipp: Der Unverbindlichkeit von Absichtserklärungen kann man auch über die Art der Zielformulierung entrinnen. Definieren Sie das quantifizierte und terminierte Ziel als feststehendes Ergebnis und nicht als Möglichkeit in der Zukunft. Also: „Das Ergebnis *ist* gesteigert worden" statt „... *soll* gesteigert *werden*", „Das Konzept *ist* erarbeitet" statt „... *soll* erarbeitet werden" usw.

Verbindlichkeit durch Unterschriften

Eine Vereinbarung, die durch Unterschriften besiegelt wird, wird für die Teammitglieder und die Führungskraft verbindlicher. Das ist nicht nur für das Team entscheidend, sondern prägt die gesamte Unternehmenskultur: Ein über mehrere Ebenen geknüpftes Netz von Zielvereinbarungen steigert das Vertrauen im betrieblichen Leistungsgefüge. Unverbindlichkeit und laue Absichtserklärungen fördern eher eine Misstrauenskultur.

Verbindliche Zielvereinbarungen dieser Art haben noch einen weiteren positiven Effekt: Die Unterschrift von Mitarbeiter und Führungskraft wird immer auch zur Nagelprobe für die Zusammenarbeit von Führungskraft und Team. Ein für ein Team nicht akzeptabler verordneter Katalog unrealistischer Ziele wird spätestens bei der Unterschrift auf Widerstand stoßen.

Welche Ziele sich definieren lassen

Ein Team ist Teil einer Organisation, die einen bestimmten Zweck verfolgt:

- Der Zweck eines Wirtschaftsunternehmens ist es, Gewinn zu erzielen.
- Ein Sportclub strebt nach dem Platz 1 in der Liga.
- Ein Verband will bestimmte Interessen durchsetzen.
- Der Erfolg eines Museums lässt sich an den Besucherzahlen ablesen, usw.

Diese übergeordneten Ziele sind zumeist als Strategien und Jahrespläne formuliert. Aus diesen übergeordneten Zielen können Teams unmittelbar ihre Ziele ableiten und somit einen Beitrag zur Erreichung des Gesamtziels leisten. Gleichwohl können Teams auch eigenständige Ziele verfolgen, die sich direkt aus ihrem ureigenen Teamauftrag ableiten lassen.

Der Erfolg des Unternehmens, des Sportclubs, des Verbands und des Museums schlägt sich in Zahlen nieder: der betriebswirtschaftliche Gewinn, die gewonnenen Spiele, die Zahl der Pressemeldungen über die Verbandsarbeit, die Zahl der Museumsbesucher. Das ist aber nur die eine Seite der Erfolgsmedaille. Zunehmend tragen die Qualität von Produkten und die Güte von Service und Dienstleitung zum Organisationserfolg bei. Das fehlerfreie Produkt, die gut beheizte Sporthalle des Clubs, die kundenfreundliche Mitgliederinformation des Verbands, die gute Orientierungshilfe und Wegführung im Museum erhöhen die Kundenzufriedenheit. Deshalb sind neben quantitativen Zielen auch qualitative Ziele wichtig.

Unterscheiden lassen sich:
Beitragsziele: Ziele, mit denen ein Beitrag zu übergeordneten Zielen des Unternehmens oder eines Bereichs geleistet wird.

Aufgabenziele: Ziele, die aus einem konkreten Teamauftrag abgeleitet werden.

Quantitative Ziele: Messgrößen sind betriebswirtschaftliche Kennziffern wie Umsatz, Deckungsbeiträge, Kosten, Qualitätskennziffern, Produktions- und Verkaufszahlen usw.

Qualitative Ziele: Ziele, die auf jeden Fall auch quantifiziert werden müssen, die sich aber nicht immer eindeutig messen lassen: Ziele der Personal- und Organisationsentwicklung, kreative Ziele, Konzeptentwicklung usw.

Zielmenge und Zielmix

Ein anspruchsvoller und ausgewogener Zielkatalog umfasst fünf bis sieben Ziele. Variationen ergeben sich situations- und aufgabenabhängig. Sie können durchaus in einem Jahr nur ein zentrales Ziel vereinbaren, ein anderes Mal dagegen zehn kleinere Ziele.

In einem Wirtschaftsunternehmen werden die Ziele vorwiegend aus vier Feldern abgeleitet: Markt und Absatz, Soll und Haben, Produktion und Dienstleistung, Personal und Organisation. Soll ein Team z. B. eine Marketingstrategie für ein neues Produkt erstellen, werden die Ziele in dem Feld „Markt und Absatz" angesiedelt. Ist mit dem Auftrag gleichzeitig eine Vertriebsplanung verbunden, werden auch Ziele aus dem Feld „Soll und Haben" abgeleitet.

Ordnen Sie Ihre Teamziele den verschiedenen Bereichen zu. Es kostet nur sehr wenig Zeit, gibt aber den Blick auf den größeren Zusammenhang der eigenen Arbeit frei. Das wirkt motivierend, da man nicht mehr das Gefühl hat, stets nur am eigenen „Süppchen zu kochen".

Teamziele

Markt und Absatz Erschließen von Geschäftsfeldern; Absatzsteigerung; Marktbeobachtung; Kommunikation usw.	Soll und Haben Umsatz; Ergebnis; Deckungsbeitrag; Sach- und Personalkosten
Produktion und Dienstleistung Produktionsmenge; Produktqualität; Servicequalität; Produktentwicklung; Leistungsstandards	Personal und Organisation Aufbau- und Ablauforganisation; Personal- und Organisationsentwicklung; Innovation; Projektmanagement

Maßnahmenplan anlegen

Wenn Ihre Ziele gesetzt sind, sollten Sie die einzelnen Schritte auf dem Weg zu den Zielen festlegen. Ein erreichtes Ziel ist immer das Ergebnis vielfältiger Maßnahmen. Planen Sie die Einzelmaßnahmen, Ihre Meilensteine auf dem Weg zum Ziel, auf der Grundlage des folgenden Formblatts (siehe Seite 66) – so können Sie die notwendigen Maßnahmen für jedes Einzelziel festlegen.

Ziel Nr.	**Maßnahmen** Termin	**Meilensteine**	

■ Die Maßnahmen sind oft so konkret, genau terminiert und quantifiziert, dass sie auch als Unterziele bezeichnet werden könnten. Vermeiden Sie fruchtlose Debatten über das Verhältnis von Zielen und Maßnahmen und die „Deduktion von Richtzielen, Oberzielen und Teilzielen". Dieser akademische Streit führt zu nichts. Entscheidend ist, dass die systematisch und zeitlich geordnete Wahl konkreter Aktivitäten zum Ziel führt. ■

Mit dem Team arbeiten

Ab in den Team-Alltag: Wie Sie diesen trotz drohender oder bestehender Konflikte meistern und dabei auch noch die Lernpotenziale des Teams voll ausschöpfen.

Aktivieren Sie die Lernpotenziale

Handlungsfelder	Maßnahmen in der Aktivierungs- und Stabilisierungsphase
Organisation	Leistungen erkennen und anerkennen
Qualifikation	Lernpotenziale aktivieren
Kooperation	Kooperation optimieren; Konfliktpotenziale aufdecken und bearbeiten; Teamcoaching; Krisendiagnose und Therapie

Die Teamarbeit kann beginnen. Noch steht Ihr Team am Anfang. In diesem Stadium sind der Teamleiter oder ein Coach in besonderer Weise gefragt, aktiv das Team zu trainieren. Es geht dabei vor allem darum,

- die Lernpotenziale im Team zu aktivieren,
- Lernprozesse zu organisieren,
- die Kooperation im Team zu verbessern,
- Konflikte bzw. Konfliktpotenziale aufzudecken und produktiv für die weitere Teamentwicklung zu nutzen.

Der modische Begriff von der „lernenden Organisation" ist paradox: Nicht Organisationen lernen, sondern Menschen! Auch ein Team entwickelt sich, weil seine Mitglieder lernen. Wer im Team arbeitet, lernt zunächst durch praktische Erfahrung. Doch die Weiterentwicklung eines Teams fordert auch geplante Lernprozesse. In der Formierungsphase wurden Teammitglieder nach ihren Grundfähigkeiten ausgesucht. Jetzt geht es um spezifischere Fähigkeiten: Oft haben sich auch die Anforderungen in der Zwischenzeit geändert. Ermitteln Sie deshalb

- den Lernbedarf im Team und
- welche Lernstile und Lernmethoden für das Team günstig sind.

Wie Sie den Lernbedarf ermitteln

Prüfen Sie zunächst, wer im Team sein fachliches Wissen und seine Fertigkeiten noch auf den erforderlichen aktuellen Teamstandard bringen muss und wer sich spezialisieren und höher qualifizieren muss.

1. Schritt – Was wird gebraucht?

Das Team listet auf einem Flipchart die aktuellen und zukünftigen Aufgaben und Qualifikationsanforderungen auf.

Aktuelle Aufgaben	Aktuelle Anforderungen	Zukünftige Aufgaben	Zukünftige Anforderungen
–	–	–	–
–	–	–	–
–	–	–	–
–	–	–	–
–	–	–	–
–	–	–	–
–	–	–	–

2. Schritt – Wo stehen wir?

Der Teamleiter moderiert die Selbst- und Fremdeinschätzung der Teammitglieder, um den Qualifikationsstand und den Qualifizierungsbedarf zu ermitteln. Die folgenden Fragen sollten dabei beantwortet werden:

- Wer erfüllt die gegenwärtigen Anforderungen, muss sich aber für zukünftige Aufgaben weiterqualifizieren bzw. spezialisieren?
- Wer erfüllt die gegenwärtigen Anforderungen und muss sich nicht weiterqualifizieren bzw. spezialisieren?
- Wer erfüllt die gegenwärtigen Anforderungen noch nicht ganz und muss sich zusätzlich für zukünftige Aufgaben weiterqualifizieren bzw. spezialisieren?
- Wer erfüllt die gegenwärtigen Anforderungen noch nicht ganz und muss sich nicht weiterqualifizieren bzw. spezialisieren?

Um den individuellen Qualifizierungsbedarf im Verhältnis zum Gesamtteam deutlich zu machen, können Sie auf einem Diagramm auf dem Flipchart oder einer Pinnwand die Teammitglieder nach ihrem jeweiligen Lernbedarf eintragen.

Dieser Arbeitsschritt ist durchaus heikel. Teammitglieder sollen offen darüber sprechen, wo sie bei sich selbst und bei anderen Stärken und Schwächen sehen. Zugleich müssen sie sich mit dem Feedback der anderen hinsichtlich eigener Stärken und Schwächen auseinandersetzen.

Als Teamleiter müssen Sie zunächst einschätzen, ob das Team dazu bereits fähig ist oder nicht. Sollten Sie Zweifel daran haben – oder wenn der Zeitraum, um sich wechselseitig einschätzen zu können noch zu kurz war –, vertagen Sie die Ermittlung des Lernbedarfs auf einen späteren Zeitpunkt.

3. Schritt – Was ist zu tun?

Wenn der zweite Schritt nach Auffassung aller Teammitglieder geglückt ist, geht es um die Maßnahmenplanung.

- Für qualifizierte Teammitglieder mit Spezialisierungsbedarf müssen externe Weiterbildungsmöglichkeiten gesucht werden.
- Qualifizierte Teammitglieder ohne Spezialisierungsbedarf übernehmen Lernpartnerschaften, um das gesamte Team auf den erforderlichen Qualifikationsstand zu bringen.
- Wer die gegenwärtigen Anforderungen noch nicht ganz erfüllt und sich zusätzlich für neue Aufgaben weiterqualifizieren bzw. spezialisieren soll, ist doppelt gefordert. Hier müssen die qualifizierten Teammitglieder als fachliche Trainer und Mentoren in die Bütt. Persönliche Anleitung, „Learning by doing" und Selbststudium sind hier erforderlich. Externe Maßnahmen kommen hinzu.
- Problematisch ist, wenn Teammitglieder die gegenwärtigen Anforderungen (noch) nicht erfüllen und für ihre Weiterqualifizierung kein Bedarf besteht. Sei es, weil sie bislang „Kreide gefressen haben" und sich kompetenter dargestellt haben als sie sind. Sei es, dass sie politisch ins Team gedrückt worden sind. In jedem Fall sind in der Formierungsphase Fehler gemacht worden. Aktiv zu qualifizieren ist aufwändig und zeitintensiv. Kommt dies nicht in Frage, sollten Sie versuchen, diese Teammitglieder auszutauschen.

4. Schritt – Nägel mit Köpfen

Sie können nun einen Lernplan mit Lernmaßnahmen und Lernpartnerschaften erstellen und visualisieren.

Team	Lernt selbst …	Ist Lernpartner für …
Gerd	Erhält den eigenen Standard durch Selbststudium	Meike
Karin	Erhält den eigenen Standard durch Selbststudium	Lars
Lars	Anpassung an den Teamstandard durch Lernpartnerschaft, Selbststudium und Learning on the job im Team	
Jan	Muss noch besser werden durch Selbststudium und Learning on the job im Team	Bei Bedarf für Lars und Meike
Meike	Anpassung an den Teamstandard durch Lernpartnerschaft, Selbststudium und Learning on the job im Team	
Sarah	Externe Weiterbildung und Learning on the job außerhalb des Teams	
Susi	Externe Weiterbildung und Learning on the job außerhalb des Teams	
???	*Entweder Anpassung an den Teamstandard oder Austausch*	

Qualifizierte Teammitglieder planen geeignete Lernmaßnahmen für ihre Teampartner, die noch auf den neuesten Stand gebracht werden müssen, führen die Maßnahmen selbst durch und tragen damit einen Teil der Verantwortung.

Die Lernstile ermitteln

Jeder kennt die Situation: Man hat sich ein neues Videogerät gekauft und sitzt nun mit Partner oder Freund davor und studiert die Funktionsweise. Der Streit ist vorprogrammiert. Der eine will zuerst die Bedienungsanleitung genau studieren, der andere will gleich mal alle Knöpfe ausprobieren. Woran liegt das? – Zwei verschiedene Lerntypen treffen aufeinander.

Um die Lernpotenziale im Team voll nutzen zu können, ist es hilfreich, wenn jeder seinen Lernstil kennt. Nach dem Modell von D. A. Kolb lassen sich vier Lernstile unterscheiden, wobei sich jeweils zwei Stile polar gegenüberstehen:

- praktisches Lernen ↔ abstraktes Lernen
- reflektierendes Lernen ↔ experimentelles Lernen

Demnach lernen manche besser durch praktische Tätigkeit und konkrete Anschauung, andere dagegen bevorzugen Modelle und Theorien zum Lernen. Wieder andere erzielen durch Beobachtungen und Reflexion von Erfahrungen den größten Lerngewinn, und eine vierte Gruppe lernt am besten durch Versuch und Irrtum, also durch das Experiment. Die Übergänge sind fließend: Ist ein Lernstil besonders ausgeprägt, bedeutet das nicht, dass nicht auch die anderen Lernstile genutzt werden können.

Bestimmen Sie Ihren Lernstil

In der folgenden Darstellung (Seite 75) sind in vier Feldern Verhaltensweisen beschrieben. Finden Sie heraus, welches Feld Sie besetzen. Dann haben Sie auch den Lernstil bestimmt, der Ihnen vermutlich besonders liegt.

Es kann durchaus auch sein, dass einige Verhaltensweisen in mehreren Feldern – mehr oder weniger – für Sie charakteristisch sind. Nutzen Sie diese Selbsteinschätzung – evtl. im Gespräch mit einem Teampartner – um sich ein möglichst klares Bild über Ihre Präferenzen zu verschaffen.

Wie setzt man die Ergebnisse um?

Jedes Teammitglied führt seine Selbsteinschätzung durch und stellt sie den anderen Teammitgliedern vor. Das Team kann von diesen Ergebnissen direkt profitieren:

- Visualisieren Sie die Verteilung der Lernstile im Team. Daraus ersehen Sie, ob das Team eher heterogen oder homogen zusammengesetzt ist. Homogene Teams finden schnell ihren gemeinsamen Weg, um Informationen zu verarbeiten und neues Wissen aufzunehmen. In eher theoretisch orientierten Teams z. B., werden sich die Teammitglieder wissenschaftlicher Literatur bedienen und die Lektürearbeit im Team aufteilen. Ein erfahrungsorientiertes Team wird dagegen die Praxiserkundung bevorzugen.
- Erörtern Sie anhand des erstellten Lernplans, wie methodisch am besten gearbeitet wird, um den im Team repräsentierten Lernstilen möglichst individuell zu entsprechen.

Das Lernstilmodell

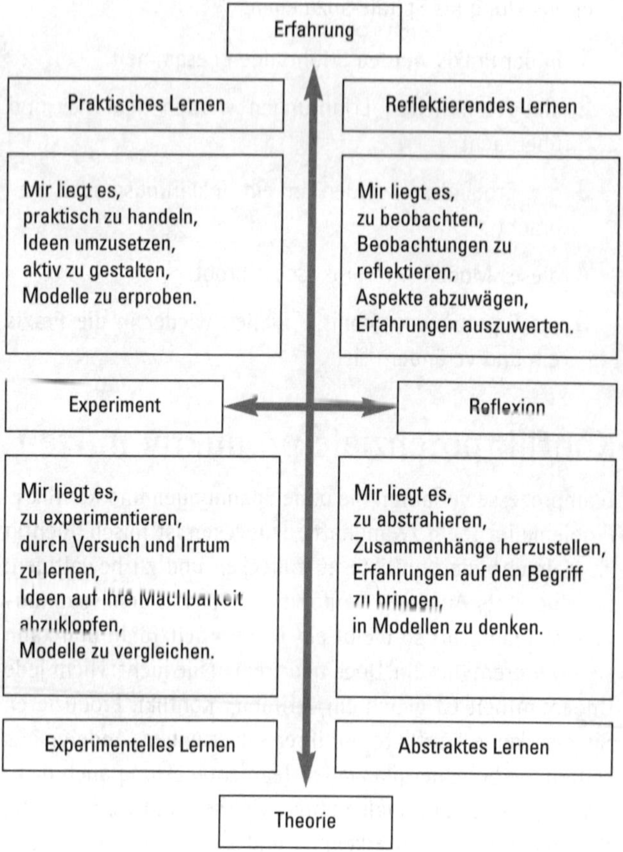

- Ideal ist es, den gesamten Lernprozess innerhalb der Teamentwicklung als Spirale anzulegen:
  1. In der Praxis werden Erfahrungen gesammelt;
  2. die gesammelten Erfahrungen werden geordnet und überdacht;
  3. die Ergebnisse werden in ein Erklärungsmodell gebracht;
  4. dieses Modell wird praktisch erprobt;
  5. die Erprobungsergebnisse fließen wieder in die Praxis ein und verändern sie.

Konfliktpotenziale produktiv nutzen

Teamprozesse verlaufen nie ohne Spannungen und Konflikte. Probleme im Team zwanghaft zuzudecken ist falsch. Richtig ist vielmehr, die Konflikte aufzudecken und zu bewältigen: Sie sind stets Ausdruck verdeckter Probleme und Spannungen im Team. Nur so bleibt ein Team arbeitsfähig und kann sich weiterentwickeln. Doch übertreiben Sie nicht: Nicht jede Ungereimtheit ist gleich ein veritabler Konflikt. Produzieren Sie also keine Konflikte um ihrer selbst willen. Andererseits sollten Sie bei einer planvollen Teamentwicklung auch nicht warten, bis es zum Knall kommt. Vielmehr gilt es, frühzeitig Konfliktpotenziale zu erkennen und zu bearbeiten. Das Ziel dabei ist, dass allen Teammitgliedern die Konfliktpotenziale und ihre Ursachen bewusst sind. Nur wer die Probleme kennt, kann auch gezielt darauf reagieren.

Konflikte zu lösen ist nicht nur eine lästige Pflichtübung. Konfliktpotenziale können sehr oft für die weitere Teamentwicklung fruchtbar gemacht werden. Es kann sich also lohnen, wenn sich Teams von Zeit zu Zeit auch mit sich selbst beschäftigen. Ähnlich wie Teams auf der Sachebene Organisation und Ziele regeln, müssen sie auch ihre Probleme auf der Beziehungsebene klären. Dabei geht es nicht um das „Was" bei der Zusammenarbeit, sondern um das „Wie". Nur so entwickeln sich Vertrauen und Loyalität in einem Team.

Teamtraining

Konkrete Probleme und Konflikte müssen in der täglichen Teamarbeit bewältigt werden. Das Teamtraining dient der geplanten Selbstreflexion und der vorsorglichen Konfliktbewältigung. Unter Anleitung werden insbesondere gruppendynamische Prozesse bearbeitet. Teamtraining sollte Ihr Team ständig begleiten. Themen und Methoden des Teamtrainings können z. B.

- als Tagesordnungspunkt einer Teambesprechung aufgenommen werden,
- Inhalt eines ein- bis zweitägigen Workshops außerhalb des Tagesgeschehens sein.

Ein Teamtraining umfasst Übungen und Methoden zur Prüfung des Standorts und zur weiteren Entwicklung des Teams. Auf den folgenden Seiten finden Sie einige Methoden und Übungen. Sie bilden eine Art Baukasten, aus dem sich interne oder externe Coachs, Führungskräfte oder Teamleiter im Rahmen eines Teamtrainings bedienen können. Welche Übun-

Checkliste: Teamtraining

	Ja	Nein
Ist die Teamtrainerrolle geklärt? (Interner oder externer Coach, Teamleiter oder ein qualifiziertes Teammitglied)	❑	❑
Erfolgt das Teamtraining aufgrund eines aktuellen oder latenten Bedarfs? Sind die Ziele und Methoden entsprechend geklärt?	❑	❑
Ist der zeitliche Rahmen ausreichend, um ohne Druck Themen bei Bedarf ausgiebig zu behandeln?	❑	❑
Ist der organisatorische Rahmen für den Wechsel zwischen Intensivtraining und Entspannung geeignet?	❑	❑
Sind die technischen Voraussetzungen, wie z. B. Flipchart, Pinnwände, Moderatorenkoffer, Overheadprojektor, Video gegeben?	❑	❑

gen Sie einsetzen und in welcher Reihenfolge, sollten Sie von der Situation abhängig machen, in der Ihr Team gerade steckt.

Sonne oder Sturm? – Das Teamklima ermitteln

Bildhaft gesprochen, gibt es für Teams eine Großwetterlage und ein Binnenklima. Es kann heiß oder kalt, freundlich oder unfreundlich sein. Verwenden Sie ganz bewusst solche Bilder und Analogien. Das macht es leichter, atmosphärische Spannungen zu erkennen und dahinter liegende Zusammenhänge aufzudecken.

Teamtraining Teamklima

Warum?	Um eine Gesamtsicht der Teamsituation zu erhalten; um latente Störungen zu thematisieren; um Änderungsbedarf festzustellen.
Wann?	Zu Beginn eines Teamtrainings oder als „Blitzlicht“ in einer schwierigen Arbeitssituation, um das Klima zu verbessern.
Wie?	Auf der Pinnwand, einem Flipchart oder einer Wandzeitung ist ein „Teambarometer“ dargestellt (siehe Abbildung Seite 80). Die Teammitglieder werden aufgefordert (offen oder verdeckt), in dem Feld einen Punkt einzutragen, das das Teamklima am besten charakterisiert. Anschließend begründet jeder seine Punktung. Übereinstimmungen, Differenzen und deren Hintergründe werden thematisiert.
Was ist zu tun?	Der Teamtrainer führt die Übung durch und moderiert die anschließende Diskussion; er dokumentiert bei Bedarf die gewünschte Veränderung im Teamklima und fordert das Team auf, Maßnahmen zu nennen, um den erwünschten Zustand zu erreichen.

Mit Hilfe des Teambarometers können die Teammitglieder die Atmosphäre im Team sichtbar machen.

Teambarometer

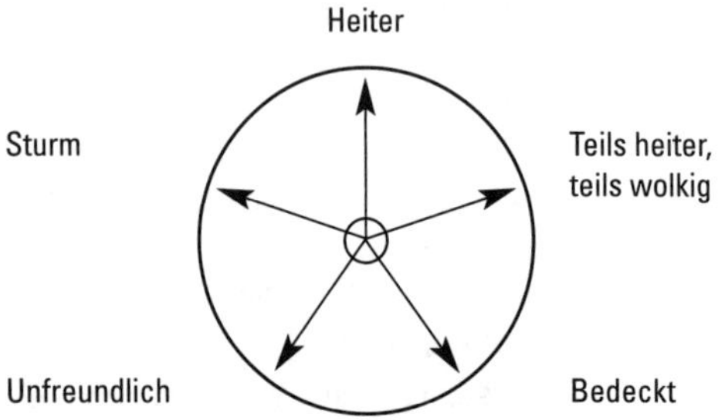

Friedhof oder Schlachthof? – Umgangsformen klären

Wie schnell rutscht einem nicht schon mal etwas heraus, was man lieber nicht gesagt hätte – doch schon ist die Situation eskaliert. Die Umgangsformen werden immer rüder, man nimmt immer weniger Rücksicht aufeinander. Legen Sie deshalb zusammen mit dem Team Spielregeln des Umgangs fest. Auf die etwas skurrilen Begriffe „friedhöflich" und „schlacht(un)höflich" gebracht, lassen sich die bisherigen und die für die Zukunft gewünschten Umgangsformen miteinander klären.

Teamtraining Umgangsformen

Warum?	Um zu klären, was im Umgang miteinander bisher möglicherweise schief gelaufen ist; um für die Zukunft Verhaltensspielregeln für den Umgang miteinander festzulegen.
Wann?	Bei akuten Auseinandersetzungen, in denen Teammitglieder den Eindruck haben, dass der Umgangston nicht stimmt. Im Teamtraining, um vergangene Konfliktsituationen zu besprechen und Regeln für die Zukunft aufzustellen.
Wie?	Auf der Pinnwand, einem Flipchart oder einer Wandzeitung wird ein Diagramm mit den Achsen Wertschätzung und Offenheit erstellt. Die Teammitglieder werden aufgefordert, an Beispielen aufzuzeigen, was für sie Teamzusammenarbeit konkret bedeutet. Das Maß an zu viel „friedhöflicher" Wertschätzung oder „schlachtunhöflicher", verletzender Offenheit soll an Beispielen erarbeitet werden. Das ausgewogene Verhältnis zwischen beiden Verhaltensweisen als Basis der Teamarbeit wird in Form konkreter Verhaltensgrundsätze beschrieben.
Was ist zu tun?	Der Teamtrainer führt die Übung durch und moderiert die anschließende Diskussion; er dokumentiert die erarbeiteten Verhaltensspielregeln.

Jedes Team braucht andere Regeln. Exemplarisch seien hier jedoch einige Spielregeln genannt, die für die meisten Teams gelten können:

- Jeder ist für die Inhalte und den Verlauf der Teamarbeit verantwortlich.
- Die Klärung von Problemen auf der Beziehungsebene hat Vorrang vor Sachthemen.
- Nach jeder Teamsitzung wird ein Themenspeicher mit den noch offenen Fragen angelegt.
- der Teamleiter hat das Recht, bei Bedarf einem Teammitglied die „gelbe Karte" zu zeigen.
- Ein Teammitglied kann durch Mehrheitsbeschluss aus dem Team ausgeschlossen werden.

Subjekt oder Objekt? – Den Teamprozess beobachten

Soll sich Ihr Team optimal entwickeln, muss der Gruppenprozess stetig verbessert werden. Wenn man versteht, was im Team abläuft, hat man schon einen wichtigen Schritt getan. Ein bewährter Klassiker zur Beobachtung von Gruppenprozessen stammt von Bales. Seine Instrumente sind ein hervorragendes Hilfsmittel für das Team, um das Miteinander zu verstehen und gemeinsam zu verbessern. Das Hauptmerkmal dieser Methode: Die Rollen wechseln zwischen beobachtendem Subjekt und beobachtetem Objekt. Untersucht werden

- das Integrationsverhalten,
- die Bewältigung von Spannungen,

- das Entscheidungsverhalten,
- das Kontrollverhalten,
- das Bewertungsverhalten,
- das Orientierungsverhalten.

All diese Verhaltensweisen prägen Gruppenprozesse ganz entscheidend. Die Teammitglieder lernen kritisch darauf zu achten, wie sie zusammenarbeiten und wie sie miteinander umgehen. Teamförderndes und teamstörendes Verhalten können klarer unterschieden werden.

Checkliste: Teambeobachtung

Faktoren	Teamförderndes Verhalten	Teamstörendes Verhalten
Integration	Zeigt Solidarität, bestärkt andere, gibt Hilfe	Zeigt Feindseligkeit, mindert Status anderer, bringt sich zur Geltung
Bewältigung von Spannungen	Zeigt Entspannung, lacht, macht Späße, zeigt sich zufrieden	Zeigt Spannung, verlangt Hilfeleistung, zieht sich zurück
Entscheidung	Stimmt zu, zeigt Anerkennung, teilt und befolgt Auffassung anderer, bejaht	Stimmt nicht zu, zeigt Ablehnung, zeigt formale Einstellung, verweigert Hilfestellung
Kontrolle	Gibt Empfehlungen, macht Vorschläge, erkennt die Autonomie anderer an, kommuniziert umsichtig	Erfragt Empfehlungen, fragt nach Anleitung und Verhaltensregeln

Faktoren	Teamförderndes Verhalten	Teamstörendes Verhalten
Bewertung	Äußert Meinungen, bewertet, teilt analytische Befunde mit, zeigt Gefühle, äußert Wünsche	Erfragt Meinungen, Bewertungen und analytische Befunde; wertet ab
Orientierung	Gibt Orientierung, gibt Auskunft, wiederholt, informiert, klärt, erklärt, bestätigt	Erfragt Orientierung, verlangt Auskunft, Wiederholung, Klärung, Bestätigung, Information

Sie können diese Kriterien als praktisches Hilfsmittel nutzen, um die wichtigsten Faktoren für den Gruppenprozess zu erfassen. Sie sollten diese Faktoren auch dann im Hinterkopf haben, wenn Sie nach Gründen für Konflikte suchen, die Ihnen zunächst unverständlich erscheinen.

Ein Team ist kein Perpetuum mobile – es braucht stets Anregungen, um weiter zu laufen. Deshalb ist es sinnvoll den Gruppenprozess immer im Blick zu haben und gegebenenfalls korrigierend einzugreifen.

Teamtraining Prozessbeobachtung

Warum?	Um das Verhalten der Teammitglieder untereinander zu beschreiben; um Ursachen störenden Verhaltens zu ermitteln; um einen Sollzustand zu beschreiben; um die eigene Wahrnehmung zu schulen und zu lernen, Feedback zu geben.

Wann?	Erst im Rahmen einer Klausurtagung, dann in der Echtsituation der Teamarbeit und Teamentwicklung.
Wie?	Es werden die Bereiche Integration, Bewältigung von Spannungen, Entscheidung, Kontrolle, Bewertung, Orientierung beobachtet. Diesen Bereichen sind Verhaltensweisen zugeordnet, die Teamprozesse positiv oder negativ beeinflussen. Dieses Instrument kann je nach Reifegrad des Teams unterschiedlich eingesetzt werden: • Der Teamtrainer beobachtet das Verhalten im Team und gibt abwechselnd einzelnen Teammitgliedern oder dem ganzen Team eine Rückmeldung. • Das gesamte Team wird mit dem Instrument vertraut gemacht und erprobt es spielerisch an simulierten Gruppengesprächen mit vorgegebenen Rollen. Es wird vereinbart, dass im Anschluss an den Workshop, die normale Teamarbeit abwechselnd jeweils von einem Teammitglied beobachtet wird, Feedback erfolgt einzeln und in der Gruppe. • In der Echtsituation der Teamarbeit wird im Anschluss an eine Arbeitssitzung gemeinsam der gelaufene Prozess aus der Erinnerung heraus analysiert. Dieses setzt allerdings die Fähigkeit zum behutsamen Feedback voraus.
Was ist zu tun?	Der Teamtrainer stellt das Instrument vor und trainiert die Anwendung; alle Teammitglieder sind sowohl Beobachter als auch Beobachtete.

Plus oder Minus? – Das eigene Verhalten überprüfen

Wie teamgerecht ist Ihr eigenes Verhalten? Manche Verhaltensgewohnheiten können das Leistungspotenzial Ihres Teams einschränken, ohne dass Sie oder andere sich dessen bewusst wären. Das Verhaltensprofil auf Seite 87 kann jedes Teammitglied für sich nutzen. Vergleichen Sie Ihr persönliches Profil mit der roten Kurve. Sie zeigt ein Verhaltensprofil, an dem Sie sich orientieren können, ein Profil, das zu besserer Kooperation und zu Leistungssteigerung beiträgt.

Welches Verhalten sich positiv oder negativ auf die Arbeit im Team auswirkt, zeigt die eingezeichnete Kurve. „Total out" ist demnach aggressives und stures Verhalten. „Total in" ist dagegen ein Mix aus rücksichtsvollem, vermittelndem, zugleich in der Sache hartnäckigem Verhalten.

Bei dieser Übung geht es allerdings nicht darum, den Teammitgliedern ein bleibendes Etikett aufzudrücken. Die gegenseitige Selbst- und Fremdeinschätzung soll vielmehr dazu anregen, den Gruppenprozess zu überdenken. Wann und wo treten Störungen auf? Besteht ein Zusammenhang zwischen diesen Störungen und den Verhaltensweisen Einzelner im Wechselspiel mit anderen Teammitgliedern? Lassen Sie sich dabei aber nicht von der Idee leiten, Sie müssen genauso sein wie „Max Mustermann" oder „Monika Musterfrau". Prüfen Sie allerdings selbstkritisch, wie Sie durch Ihr Verhalten, bzw. durch eine Veränderung Ihres Verhaltens, das Team fördern können.

Vergleichen Sie Ihr Teamprofil

Eigenschaft	++	+	–	– –
durchsetzend		●		
überzeugend	●			
aggressiv				●
vermittelnd	●			
kompromissbereit		●		
dominant			●	
geduldig		●		
engagiert	●			
rücksichtsvoll		●		
emotional		●		
ergebnisorientiert	●			
selbstsicher		●		
ehrgeizig		●		
stur				●
kreativ	●			
sachlich		●		
hartnäckig		●		
einflussreich		●		

Teamtraining Verhaltensprofil

Warum?	Um das Verhalten des Einzelnen im Team zu spiegeln; um den Gruppenprozess zu analysieren.
Wann?	Im Verlauf eines Teamtrainings oder nach einer Vorbereitungsphase nach einer schwierigen Teamsituation; um das Klima zu verbessern.
Wie?	Alle Teammitglieder zeichnen ihr eigenes Teamprofil und das Teamprofil der anderen Gruppenmitglieder. Die Teammitglieder geben sich wechselseitig Feedback.
Was ist zu tun?	Der Teamtrainer führt die Übung durch und gibt den einzelnen Mitgliedern eine persönliche Rückmeldung. Er organisiert die wechselseitige Rückmeldung unter den Teammitgliedern und moderiert die anschließende Diskussion.

Analyse oder Vision? – Sich wechselseitig ergänzen

Teamarbeit besteht zu einem guten Teil daraus, Probleme zu lösen. Was aber, wenn es in einem Team von acht Leuten vier verschiedene Ansätze gibt, die Probleme in den Griff zu bekommen? Ist fruchtloser Streit die Folge? Woran liegt es, dass so unterschiedlich gedacht und gehandelt wird?

Menschen gehen sehr unterschiedlich an Probleme und deren Lösung heran, weil sie je nach Typ verschiedene Denkstile bevorzugen. Die Art und Weise wie Teammitglieder denken und Probleme bearbeiten, beeinflusst die Kommunikation und Kooperation untereinander. Welchen Denk- und Problemlösungsstil wir bevorzugen, hängt davon ab, ob wir mehr die linke oder die rechte Gehirnhälfte aktivieren. Die linke Gehirnhälfte wird tätig, wenn wir eher analytisch und planvoll an ein Problem herangehen. Die rechte Gehirnhälfte steht für einen mehr kreativen und emotionalen Stil. Diese Denkstile lassen sich mit Hilfe eines einfachen Tests – dem Hirn-Dominanz-Instrument (H. D. I.) – leicht ermitteln. Schon das Nachdenken über die verschiedenen Denkstile bringt die Diskussion im Team auf eine objektive Basis. Die Teammitglieder verstehen, woher die verschiedenen Lösungsansätze kommen und entwickeln Verständnis füreinander.

Es ist durchaus sinnvoll bei der Teambildung darauf zu achten, alle Denkstile einzubinden. Damit sind zwar Konflikte vorprogrammiert, doch Konflikte dieser Art sind das Salz in der Suppe der Teamentwicklung: Der Weg führt über die Auseinandersetzung zur gegenseitigen Akzeptanz bis hin zur wechselseitigen Ergänzung und Synergie.

Machen Sie den Problemlösungsprofil-Test

Unterstreichen Sie in jedem Quadranten die Verhaltensweisen, Eigenschaften bzw. Tätigkeiten, die Ihnen am meisten entsprechen. Überlegen Sie nicht lange! Es gibt keine richtigen oder falschen, keine guten oder schlechten Verhaltensweisen. Suchen Sie nicht die Tätigkeiten heraus, die vermeintlich ein besseres Image haben als andere. Sie können in jedem Quadranten so viele oder so wenige Begriffe markieren, wie Sie möchten. Zählen Sie anschließend die Nennungen je Quadrant zusammen.

Wie lösen Sie Probleme?

Analytisch

Allein arbeiten
Formeln anwenden
Ziele erreichen
Daten analysieren
Dinge zusammensetzen
Dinge in Gang bringen
Schwierige Probleme lösen
Vorgegebene Zahlen erfüllen
Gefordert werden
Analysieren und diagnostizieren
Dinge erläutern
Fragen klären
Logisch vorgehen

Experimentell

Gestalten
Aufregung haben
Risiken eingehen
Visionen haben
Abwechslung haben
Veränderung bewirken
Experimentieren
Neue Dinge entwickeln
Lösungen finden
Freiraum haben
Das Ende am Beginn sehen
Spielerisch vorgehen
Ideen verkaufen

Planend

Dinge bauen
Alles unter Kontrolle haben
Eine geordnete Umgebung haben
Den Status quo aufrechterhalten
Schreibarbeiten erledigen
Ordnung herstellen
Dinge planen
Stabilisieren
Alles rechtzeitig erledigen
Sich dem Detail widmen
Aufgaben strukturieren
Unterstützung bieten
Verwalten

Kommunikativ

Gruppen zur Zusammenarbeit bringen
Ideen ausdrücken
Beziehungen aufbauen
Unterrichten/ausbilden
Ausdrucksvoll schreiben
Mit Menschen arbeiten
Menschen überzeugen
Teil eines Teams sein
Kommunizieren
Den Menschen helfen
Zuhören und reden
Betreuen
Beraten

Auswertung

Mit hoher Wahrscheinlichkeit zeigt Ihr Profil, dass Sie alle vier Problemlösungsstile nutzen, allerdings mit unterschiedlicher Ausprägung. Die meisten von uns bevorzugen einen Stil, der sich als besonders erfolgreich und damit motivierend erwiesen hat. Die Anzahl der Markierungen pro Quadrant zeigt an, welcher Stil bei Ihnen dominiert und wie das Verhältnis der vier Stile untereinander ist.

- *Der analytische Stil*
  Sie orientieren sich bei der logisch-kritischen Analyse eines Problems an Fakten und Zahlen. Reines Spekulieren liegt Ihnen nicht.
- *Der planende Stil*
  Probleme strukturiert zu bearbeiten und Lösungen ordentlich und zeitnah umzusetzen sind Ihre Stärke. Die großen Worte überlassen Sie anderen.
- *Der experimentelle Stil*
  Sie gehen die Dinge eher spielerisch und ideenreich an. Strategisch-konzeptionell die Dinge zu bearbeiten liegt Ihnen mehr, als die Detailarbeit.
- *Der kommunikative Stil*
  Die Gestaltung der Beziehung in der Zusammenarbeit mit anderen ist für Sie von hoher Bedeutung. Ein positives Arbeitsklima ist für Sie Voraussetzung für die Bearbeitung abstrakter Fragestellungen.

Im Teamtraining können nun die individuellen Profile der einzelnen Teammitglieder erstellt und untereinander abgeglichen werden. Daraus lassen sich entsprechende Schlüsse für die Chancen und Risiken der Zusammenarbeit ableiten. Eine sehr homogene Gruppe wird zwar wenig Konfliktpotenzial aufweisen, bei der Lösung von Problemen wird sie dagegen eher schwerfällig und weniger kreativ agieren. Eine sehr heterogene Gruppe dagegen hat ein hohes Konfliktpotenzial. Ist dies freilich erst überwunden, stehen alle Türen für kreative Lösungen offen.

Teamtraining Denkprofile

Warum?	Um die individuellen Denk- und Problemlösungsstile zu ermitteln; um das daraus resultierende Verhalten im Team erklären zu können; um mögliche Störungen in der Kommunikation und Kooperation erklären und abbauen zu können; um die Chancen, sich wechselseitig zu ergänzen, wahrzunehmen.
Wann?	Im Verlauf eines Teamtrainings zur Analyse möglicher Störungen in der Kommunikation und Kooperation im Team.
Wie?	Alle Teammitglieder führen den Selbsttest durch und werten ihn für sich aus. Alle Teammitglieder stellen ihre Profile vor, erklären, ob sie damit übereinstimmen oder nicht und erfragen die Meinung der anderen. Danach werden die besonderen Stärken eines jeden Stils gesammelt und doku-

	mentiert, z. B. am Flipchart. In einem nächsten Schritt werden die im Team vorhandenen Stile aufgelistet und es wird gemeinsam erarbeitet, welchen Nutzen sie dem Team bringen und welche Konfliktpotenziale für die Kooperation im Team damit verbunden sein können. Dabei sollen die Erfahrungen im eigenen Team angesprochen werden. Typische Konfliktmuster im Team werden aufgedeckt. Zum Abschluss sollte versucht werden, ein gemeinsames Teamprofil zu skizzieren, um festzustellen, ob alle Stile repräsentiert sind und sich wechselseitig ergänzen.
Was ist zu tun?	Der Teamtrainer führt den Test durch und moderiert die Auswertung. Die Teammitglieder gehen aufeinander zu und werten wechselseitig ihre Profile aus. Der Teamtrainer weist darauf hin, dass die Stärke des Teams in der wechselseitigen Ergänzung von Fähigkeiten und Potenzialen liegt.

Die folgende Checkliste hilft Ihnen, ein Profil Ihres Teams zu erstellen und die Vor- und Nachteile der verschiedenen Typen anzusprechen. Eine Diskussion im Team über die jeweiligen Konfliktpotenziale schafft Verständnis für die verschiedenen Denkstile und daraus folgende Verhaltensweisen.

Checkliste: Denkstile im Team

Problem-lösungsstil	Nutzen für das Team	Konfliktpotenziale
analytisch	Sachlichkeit; Zahlenverständnis; „Rationalitätsprinzip"	Ungeduldig, kritisch; Feindbild: „sozialpädagogische Plaudertaschen"
planend	Trifft Vorkehrungen; Pünktlichkeit, Zuverlässigkeit; „Ordnungsfaktor"	Form wichtiger als der Inhalt; Feindbild: „abstrakte Galaktiker"
experimentell	Risikofreude; Kreativität; Intuition; „Strategische Kraft"	Die Ideen habe ich, die Arbeit sollen die anderen tun; Feindbild: „Erbsenzähler"
kommunikativ	Hilfsbereitschaft; Teamorientierung; bringt Dinge auf den Punkt; „Emotionale Kraft"	Konflikte suchen, statt sie zu vermeiden; Feindbild: „kalte Technokraten"

Auch wenn es kein ideales Teamprofil gibt, kann man doch feststellen:

- Je ähnlicher die Profile im Team sind, desto geringer ist die Wahrscheinlichkeit, dass ernsthafte Konflikte in der Gruppe entstehen. Allerdings sind die Chancen für einen kreativen Output eher bescheiden.
- Je unterschiedlicher die Profile im Team sind, desto höher ist die Wahrscheinlichkeit, dass ernsthafte Konflikte in der Gruppe entstehen. Allerdings sind die Chancen für einen kreativen Output hoch.

Beispiel
Karin, Marion und Ralf studieren im sechsten Semester Betriebswirtschaft. Sie sind seit dem zweiten Semester unzertrennlich, nachdem sie sich in der Vorlesung über „Rechnungswesen und Controlling" kennen und schätzen gelernt haben. Im Rahmen des Seminars zur „Absatzwirtschaft" werden vom Dozenten Referatsthemen vergeben, die in Gruppen bearbeitet werden können. Karin, Marion und Ralf arbeiten natürlich zusammen. Ihre Aufgabe besteht darin, eine Fallstudie über die Anwendung des Marketingmix in einem Dienstleistungsunternehmen abzufassen. Sie entwerfen einen Zeitplan und besorgen sich Literatur. Nach der dritten, zähen Sitzung kommen sie an einen toten Punkt. Ihr gemeinsamer Vorrat an Erfahrungen, Wissen und Ideen ist aufgebraucht. Ihre jeweilige Stärke als „kühle Rechner" hilft ihnen nicht weiter.

Da kommen Stefan und Jennifer auf sie zu und fragen, ob sie noch in das Thema einsteigen können. Stefan und Jennifer ignorieren alle bisherigen Analysen und Pläne von Karin, Marion und Ralf. Sie entwickeln spielerisch eine Vision für ihre Reinigungsfirma „Adrett & Schnell": Fullservice aus einer Hand für Haus, Garten und Auto innerhalb von zwei Stunden nach Anruf. Mit dieser Idee wirken sie wie Katalysatoren, und Karin, Marion und Ralf haben ihren toten Punkt bald überwunden.

Krieger oder Medizinmann? – Andere Rollen übernehmen

Nach der Formierungs- und der Orientierungsphase sollten die Teammitglieder untereinander ihre Rollen gefunden haben. Die Persönlichkeitsprofile und die Denk- und Problemlösungsstile sind in Aktion getreten. Man weiß, wie man den anderen einschätzen kann. Das schafft Vertrauen und Stabilität. Allerdings besteht auch die Gefahr, dass Teammitglieder in ihrer Rollenverteilung – je nach Temperament – in freundlicher Lethargie

Rat der Häuptlinge

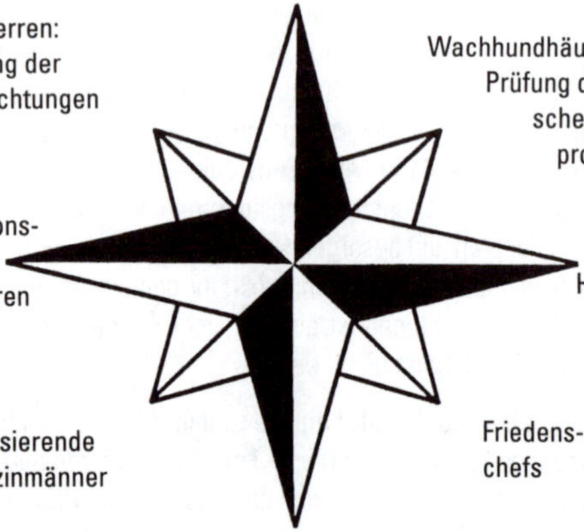

versinken oder sich wechselseitig blockieren. Durch das geeignete Teamtraining können Sie das Team in Schwung halten. Führen Sie Übungen durch, in denen jeder in die Rolle eines anderen schlüpfen muss, wie z. B. den „Rat der Häuptlinge".

Der Rat der Häuptlinge

Von nordamerikanischen Indianerstämmen ist uns der „Rat der Häuptlinge" überliefert. Er setzt sich aus acht Teilnehmern zusammen – je einer pro Himmelsrichtung, Nord, Nordost, Ost, Südost, Süd, Südwest, West, Nordwest. Jeder Häuptling besetzt eine Himmelsrichtung und nimmt dementsprechend im Rat eine ganz bestimmte Rolle wahr.

Das Los entscheidet, wer aus dem Team für die Dauer der Übung welche Rolle übernimmt. Es wird ein tatsächlich im Team anstehendes Problem behandelt und die erarbeitete Lösung soll dann auch umgesetzt werden.

Teamtraining „Rat der Häuptlinge"

Warum?	Um die Rollenverteilung im Team aufzulockern; um unterschiedliche Perspektiven wahrzunehmen; um zu überprüfen, ob in der Teamarbeit auch immer alle Aspekte berücksichtigt werden.
Wann?	Im Verlauf eines Teamtrainings.
Wie?	Eine komplexe, ungelöste Frage aus der Teamarbeit wird beraten. Jedes Teammitglied behält für die Dauer der Beratung seine Rolle bei. Es soll ein ernsthaftes Beratungsergebnis erzielt werden. Anschließend wird gemeinsam geprüft, ob die Rollen, Fragen und Aspekte der „Häuptlinge" in der normalen Teamarbeit immer ausreichend besetzt sind bzw. berücksichtigt werden: • Ideenfindung und Kreativität • Kooperation nach außen mit anderen Teams • Starke Vertretung der eigenen Interessen nach außen

	• Analyse der Fakten • Innere Stabilität und Organisation • Analyse der Folge- und Nebenwirkungen • Planung und Umsetzung
Was ist zu tun?	Die Rollenverteilung wird ausgelost. Der Teamtrainer kann je nach Anzahl der Beteiligten mitspielen oder beobachten.

Rot oder blau? – Kreativität fördern

Wie oft werden zarte Ideenpflänzchen in Gruppen durch andere zerrupft oder platt gemacht, bevor sie, gewässert und gedüngt durch weitere Ideen, zeigen können, ob sie Blüten und Früchte tragen können.

Wer kennt sie nicht die typischen Killerphrasen, um sich mit neuen Ideen nicht auseinandersetzen zu müssen: „Dafür haben wir jetzt keine Zeit." „Das rechnet sich doch nicht!" „Das ist ja unrealistisch!" „Wir werden hier nicht für schöne Ideen bezahlt, sondern für knallharte Resultate." „Das ist ja in der Theorie ganz schön, eignet sich aber nicht für die Praxis." „Das haben wir doch alles schon mal gemacht und es hat auch nicht geklappt.", usw.

Das vorschnelle Aus für Ideen und kreative Lösungen geht häufig auf das Konto von Teammitgliedern, die sich ihres praktischen Verstands besonders rühmen. Auch notorische Bedenkenträger sind findig, wenn es darum geht, Ideen zu kil-

Teamtraining „Denkkarten"

Warum?	Um die Ideenfindung und Kreativität im Team zu fördern; um Denkblockaden und starres Beharren aufzulösen; um mehrdimensionales Denken zu fördern.
Wann?	Im Verlauf eines Teamtrainings, oder aber auch in der alltäglichen Arbeit, wenn sich Fronten verhärtet haben oder wenn das Team nach Ideen und Lösungen für ein Problem sucht.
Wie?	Der Teamtrainer verteilt die sechs Denkkarten. Aus der Teamarbeit heraus werden eine Idee oder ein Projektteil zur Diskussion gestellt. In gewissen Abständen tauschen die Teammitglieder die Karten untereinander aus. Jeder muss die Position vertreten, die mit der Farbe seiner jeweiligen „Denkkarte" verbunden ist.
Was ist zu tun?	Der Teamtrainer verteilt die Karten und bestimmt den Zeitpunkt des Wechsels. Vorübergehend kann er mitspielen, indem er die blaue Karte behält. Er achtet darauf, dass jeder einmal alle Farben vertritt. Nach einer Spielrunde äußert sich jeder zu seinen Erfahrungen.

len. Ob mit advokatischem Geschick oder sturem Beharren, die Kreativität im Team wird gebremst. Das Spiel mit De Bonos „Denkhüten" – hier aus praktischen Gründen „Denkkarten" – kann da weiterhelfen.

Bei dieser Übung werden sechs Karten mit unterschiedlichen Farben ausgegeben. Die Bedeutung der Farben ist genau definiert: *Weiß* steht für Neutralität und das Sammeln von Informationen, *Rot* für Gefühl und Intuition, *Braun* steht für Kritik und Vorsicht, *Gelb* für positives Denken und optimistische Unterstützung, *Grün* für Kreativität und schöpferische Weiterentwicklung von Ideen und schließlich *Blau* für Objektivität und ordnendes Zusammenführen der Ideen. Auch bei dieser Übung wird ein reales Problem oder Projekt der Gruppe verhandelt und das Ergebnis soll umgesetzt werden. Bei der Bearbeitung des Problems übernimmt jeder den Part, der seiner Karte entspricht – die Karten können in der Gruppe nach einiger Zeit ausgetauscht werden.

Vertrauen oder Misstrauen? – Fallstricke beseitigen

Stellen Sie sich vor, man fordert Sie auf, sich auf einen Tisch zu stellen, die Hände hinter dem Kopf im Nacken zu falten und sich rückwärts vom Tisch in die verschränkten Arme von vier anderen Personen fallen zu lassen. Was haben Sie dabei für Gefühle? Was denken Sie? Haben Sie Vertrauen in das Team?

Für Teams ist Vertrauen eine ganz entscheidende Produktivkraft. Vertrauen, wechselseitige Unterstützung und Loyalität kann man nicht verordnen. Man kann den Prozess aber durch vertrauensbildende Maßnahmen und Reflexion im Teamtraining fördern.

Zwischenmenschliches Vertrauen bedeutet, dass wir uns nicht ständig mit möglichen Risiken beschäftigen müssen, die in

Teamtraining Vertrauensbildung

Warum?	Um die Bedeutung von Vertrauen für ein Team zu thematisieren und deutlich zu machen. Um bestehende Hindernisse für Vertrauen im Team aufzudecken. Um die Vertrauensbasis zu erweitern.
Wann?	Im Teamtraining, wenn die Bereitschaft vorhanden ist, auch „ans Eingemachte" zu gehen.
Wie?	Ein Teammitglied steigt auf den Tisch und lässt sich rückwärts in die Arme des Teams fallen. Teammitglieder mit verbundenen Augen werden von anderen Teammitgliedern durch schwieriges Gelände geführt. Eine Bergwanderung mit Nachtbiwak wird durchgeführt. Und andere Übungen mehr. Bei solchen spielerischen und sportlichen Aktionen muss man sich aufeinander verlassen können. Je nach den hier gemachten Erfahrungen wächst oder schwindet das Vertrauen untereinander.
Was ist zu tun?	Neben den vertrauensbildenden Maßnahmen ist es wichtig, dass der Teamtrainer die Reflexion über die Bedeutung von Vertrauen im Team anregt. Dazu wird auf einem Flipchart erarbeitet, was ein Vertrauensteam und ein Misstrauensteam voneinander unterscheidet.

unseren Beziehungen lauern. Wir sind frei, unserer Arbeit nachzugehen, zu genießen und schöpferisch tätig zu sein. Wo dagegen Misstrauen herrscht, werden wir befangen und sind unfrei. Bemühen Sie sich deshalb aktiv um ein Vertrauensklima in Ihrem Team.

Dramadreieck oder Powernetzwerk? – Psychospielchen aktiv vermeiden

Die labilen Entwicklungsphasen von Teams begünstigen die Entstehung unproduktiver „Psychokisten". Diese eher unbewussten Mechanismen werden dann destruktiv, wenn mehr Energie für die Inszenierung dramatischer Beziehungen aufgewandt wird als für den eigentlichen Output. Besonders anfällig sind Teams für die Spielvariante des sogenannten „Dramadreiecks".

Das Dramadreieck

Teammitglieder nehmen häufig typische psychologische Rollen ein oder werden in bestimmte Rollen gedrängt:

- *Verfolger:* „Verfolger" sehen ständig Fehler, Unzulänglichkeiten und Versäumnisse anderer. Sie suchen Sündenböcke bzw. Opfer.
- *Opfer:* Sie „ziehen sich den Schuh an", wenn sie mit kritischen Fragen, Missfallensäußerungen oder direkter Kritik konfrontiert werden; sie nehmen die Opferrolle an und fühlen sich zu Erklärungen und Entschuldigungen genötigt.
- *Retter:* Jetzt ist die Stunde der „Retter" gekommen. Sie versuchen zu beschwichtigen, stellen sich vor das Opfer und erklären, dass man die Dinge ganz anders betrachten müsse, ja, dass der „Verfolger" eigentlich das Problem sei, da er die Dinge falsch sehe.

Der Retter ist also unversehens in die Verfolgerrolle geschlüpft und der Verfolger wird zum Opfer. Das einstige Opfer aber steht vor der Wahl, als Beobachter zu fungieren, sich auch auf die Verfolgerspur zu setzen oder großherzig als Retter den einstigen Verfolger „in Schutz zu nehmen". Damit wäre dann schon eine neue Spielvariante eröffnet: Der verblüffte „Gerade noch Retter, jetzt Verfolger" wendet sich seinerseits gegen seinen ehemaligen „Schützling", usw. Sie erkennen leicht, dass diese Spielchen im Dramadreieck variantenreich und mit wechselnden Rollen unendlich fortgesetzt werden können – und zu nichts führen.

Die Spielchen im Dramadreieck haben aber neben dem unproduktiven Beziehungsaspekt auch eine ernst zu nehmende praktische Seite. Es geht um die Frage, wie wir mit Versäumnissen, Fehlern und Nachlässigkeiten Einzelner im Team umgehen. Deshalb müssen Teams ihre Binnenbeziehungen immer wieder kritisch prüfen, bestehende Dramadreiecke durchbrechen und ein produktives Powernetzwerk untereinander aufbauen. Powernetzwerk heißt

- Leistung und Output bestimmen das Handeln.
- Qualität und Schnelligkeit sind zentrale Ziele.
- Probleme werden untereinander sofort geklärt.

Folgende Spielregeln sollten Sie für ein Powernetzwerk in Ihrem Team festlegen:

Spielregeln Powernetzwerk

- Bei unseren Teamsitzungen gibt es immer den Tagesordnungspunkt „Zur Lage".
- Jeder berichtet über den Stand seiner Arbeiten und nimmt zum Stand der Arbeit im Team Stellung.

Teamtraining „Dramadreieck“

Warum?	Um unproduktive psychologische Spielchen im Team zu erkennen; um ein Powernetzwerk im Team aufzubauen.
Wann?	Im Teamtraining, wenn die Bereitschaft vorhanden ist, auch „ans Eingemachte“ zu gehen.
Wie?	Das Dramadreieck wird an einem Beispiel erläutert. Anschließend schreibt jeder für sich die Namen aller Teammitglieder einschließlich seines eigenen auf und vermerkt dahinter, welche Rollen im Dramadreick von den Einzelnen gespielt werden. Dabei können selbstverständlich hinter jedem Namen mehrere Rollen genannt werden – das ist ja das Merkmal des Dramadreiecks. Anschließend wird das Ergebnis visualisiert, so dass jeder sieht, wie ihn die anderen sehen. Teamtrainer und Team suchen nun nach auffälligen Häufigkeiten. Nehmen Gruppenmitglieder mehr als andere die Verfolger-, Opfer- oder Retterrolle ein? Wenn ja, muss geklärt werden, • wie die Rollenverteilung untereinander ist, • in welchen Situationen dieses Beziehungsmuster entsteht, • welche Probleme, Konflikte oder Ablenkungsmanöver sich dahinter verbergen können.
Was ist zu tun?	Nach der Anleitung und der Moderation regt der Teamtrainer an, Spielregeln aufzustellen, mit denen die Analyse von Fehlleistungen im Team und der Umgang untereinander bei persönlichen Fehlleistungen geregelt werden soll.

- Wir suchen keine Sündenböcke, sondern gehen bei Problemen den Ursachen und Zusammenhängen nach.
- Bei Fehlern wird keiner „vorgeführt"; Fehlleistungen werden aber auch nicht unter den Teppich gekehrt.

Wadenbeißer oder Wettbewerber? – Die Teamarena realistisch einschätzen

Teams brauchen nicht nur ein produktives Klima innerhalb der Gruppe, auch ihr Verhältnis zu Schlüsselpersonen, Organisationseinheiten und anderen Teams sollte effektiv gestaltet sein. Wenn ein Team organisatorisch, fachlich und persönlich zusammenwächst, verändern sich auch die Beziehungen nach außen. Interner Wettbewerb tritt zurück, der Wettbewerb des Teams mit anderen Teams dagegen nimmt zu.

Beispiele

Für eine Sportmannschaft ist der Ehrgeiz, besser zu sein als die anderen Mannschaften, aufzusteigen oder zumindest den Klassenerhalt zu sichern, Pflicht. Eine Vertriebsmannschaft steht im Wettbewerb mit anderen um Umsatz, Ertrag und Prämien. Produktionsteams wetteifern untereinander um Termintreue, geringe Fehlerquoten und Qualität. Auch Teams mit ähnlichen administrativen Aufgaben lassen sich an der Qualität und Quantität ihrer Leistung messen.

Individueller Wettbewerb wird zu Teamwettbewerb – das ist wichtig für die Teamentwicklung und den Teamerhalt. Denn ein gewisser Druck von außen erzeugt Zusammenhalt nach innen. Ein klares Feindbild kann helfen, sich ehrgeizige Ziele zu setzen, Kräfte zu bündeln und sich an ebenbürtigen Wettbewerbern zu messen. Das Motto der Fairness dabei: „Ihr seid o.k., wir sind o.k."

Die Beziehungen nach außen sind also wichtig, weil sie das Team motivieren. Steuern Sie also Fehlentwicklungen bewusst entgegen. Achten Sie darauf, dass das Gleichgewicht zwischen Selbst- und Fremdeinschätzung erhalten bleibt. Ob sich Ihr Team nun selbst oder das konkurrierende Team in den Himmel hebt – beiden Entwicklungen sollten Sie entgegenwirken. Gefährliche Tendenzen in dieser Hinsicht können Sie leicht erkennen: Wenn folgende Aussagen in Ihrem Team kursieren, sollten Sie eingreifen.

Das eigene Team wird überschätzt:

- „Die anderen spinnen ja alle."
- „Die anderen Teams arbeiten nicht. Sie wollen nur unsere Ergebnisse abkupfern."

Die anderen werden überschätzt:

- „So wie unser Team ist, werden wir immer schlechter sein als die anderen Teams."
- „Die ganze Mühe lohnt doch nicht; die anderen sind sowieso immer besser."

Das eigene und andere Teams werden abgewertet:

- „In diesem Laden klappt doch nichts außer den Türen. Ob wir uns anstrengen oder die anderen, es hat doch alles keinen Zweck."
- „Wen die Geschäftsführung in Projekte steckt, der ist sowieso abgeschrieben; die können mit uns nichts mehr anfangen."

Hinter solchen Äußerungen stehen Grundeinstellungen, die sehr schnell die Teamentwicklung stoppen und die Produktivität lähmen:

Unproduktive Grundeinstellungen

Grundeinstellungen	Auswirkungen
„Wir sind o. k., die anderen Teams sind nicht o. k.!"	Das Team isoliert sich, wird von Informationen abgeschnitten und macht nach kurzem Höhenflug eine Bruchlandung.
„Wir sind nicht o. k., die anderen Teams sind o. k.!"	Das Schielen zu anderen und der Versuch, es ihnen gleichzutun, verhindert die Entwicklung der Teamidentität und Leistungsstärke.
„Wir sind nicht o. k. und die anderen Teams sind auch nicht o. k.!"	Mutlosigkeit, mangelndes Selbstbewusstsein und quälende Selbstanalysen führen zum Exitus des Teams.

Wie kann man solchen Tendenzen wirksam begegnen? Ein Ansatz, sich als Team dem Wettbewerb pragmatisch zu stellen, besteht darin, die Arena, in der das Team mit anderen Teams zusammenarbeitet bzw. konkurriert, unter dem Aspekt des wechselseitigen Nutzens zu beschreiben.

Beispiel

Die Zukunfts AG soll erfolgreicher werden. Der Vorstand hat deshalb entschieden, dass Mitarbeiter des Hauses in sogenannten internen Consultingteams in sechs Teilprojekten Verbesserungsvorschläge erarbeiten sollen. Das Marketingteam startet schnell, zielgerichtet und ohne sich viel um die anderen Teams zu kümmern. Doch nach vier Wochen verlässt die Gruppe das Gefühl, auf der Gewinnerstrecke zu sein und als erstes Team ins Ziel zu gehen. Ein Austausch mit andern Teams wäre zwingend erforderlich. Doch die anderen Teams haben sich mittlerweile untereinander abgeschottet. Jedes Team will dem Vorstand in drei Monaten besonders innovative Ideen präsentieren.

Ein Team, das – wie im Beispiel der Zukunfts AG beschrieben – aus der Konkurrenzsackgasse raus will, muss fragen, welchem Team es mit seiner Leistung nutzen kann und welches Team ihm mit seiner Leistung einen Nutzen bringt. So entsteht eine Wettbewerbsarena mit vier Aktionsfeldern. Es ist nun Aufgabe des Teams, das die Initiative ergreift, die geeigneten Kooperationsstrategien zu entwerfen und zu verfolgen.

Die Wettbewerbsarena

	Großer Nutzen der eigenen Teamleistung für das andere Team	**Geringer Nutzen der eigenen Teamleistung für das andere Team**
Großer Nutzen der anderen Teamleistung für das eigene Team	Aktionsfeld I Offensiv über eigene Arbeitsergebnisse berichten; die Bildung eines gemeinsamen Subteams anbieten; mögliche Synergien aufzeigen.	Aktionsfeld II Eigene Informationen zur Verfügung stellen; Methodenkompetenz anbieten; gezielte Interviews führen.
Geringer Nutzen der anderen Teamleistung für das eigene Team	Aktionsfeld III Eigene Informationen aktiv an das andere Team weitergeben. Methodenkompetenz des anderen Teams nutzen; Dokumentation der eigenen Arbeit vom anderen Team einfordern.	Aktionsfeld IV Keine Aktivitäten erforderlich.

Und so können Sie die Wettbewerbsarena im Teamtraining einsetzen:

Teamtraining „Wettbewerbsarena"

Warum?	Um psychologische Spielchen zu verhindern; um Wettbewerb als motivierende Kraft zu entdecken.
Wann?	Im Teamalltag, wenn aktuelle Probleme mit dem Teamumfeld bestehen; im Teamtraining im Rahmen strategischer Überlegungen.
Wie?	In das Vierfelderschema „Wettbewerbs-arena" werden vom ganzen Team andere Organisationseinheiten und Teams aus dem Umfeld eingeordnet. Die jeweilige Strategie wird abgestimmt und Maßnahmen werden vereinbart.
Was ist zu tun?	Teamleiter/Teamtrainer nutzen das Flipchart, moderieren den Prozess; sie dokumentieren die konkreten Maßnahmen und Schritte, die aus den strategischen Überlegungen folgen.

Masse oder Klasse? – Die Teamidentität bestimmen

Wir unterscheiden Menschen nach der äußeren Erscheinung und dem, was sie tun und sagen. Je charakteristischer die Merkmale und Verhaltensweisen eines Menschen sind, desto unverwechselbarer ist er für uns. Je weniger differenziert und ausgeprägt Erscheinung und Verhalten einer Person sind, desto leichter geht sie für uns in der Masse unter.

Auch Unternehmen haben eine Art Persönlichkeit. Die äußere Erscheinung des Unternehmens, seine Produkte und Dienstleistungen machen das sogenannte Corporate Design aus, die wiedererkennbaren Verhaltensmuster von Mitarbeitern und Management untereinander und gegenüber Kunden und Lieferanten die Corporate Identity eines Unternehmens. Ein unverwechselbares Unternehmen hat den Vorteil, am Markt leichter wiedererkannt zu werden. Das erhöht die Absatzchancen und die Kundenbindung. Zugleich bietet eine starke Unternehmens*identität* für die Mitarbeiter die Chance, sich mit dem Unternehmen zu *identifizieren*.

Das Gleiche gilt auch für Teams:

- Eine klare Identität macht Teams nicht beliebig austauschbar und stärkt sie im Wettbewerb mit anderen Teams.
- Ein nach außen deutlich erkennbares Teamprofil stärkt das Wir-Gefühl aller Teammitglieder.

Ein nach außen erkennbares Teamprofil erreichen Sie freilich nur, wenn Sie im Team auch daran arbeiten. Im Teamtraining bietet sich dazu das Modell der Teamidentitäts-Pyramide an, die sich in fünf Stufen aufbaut:

1. Im ersten Schritt beschreibt das Team möglichst genau sein Umfeld und seine Rahmenbedingungen. Wer hat Einfluss auf das Team, wer fördert oder erschwert die Arbeit? Wie sind die Wechselbeziehungen zu anderen Personen und Gruppen?

Die Teamidentitäts-Pyramide

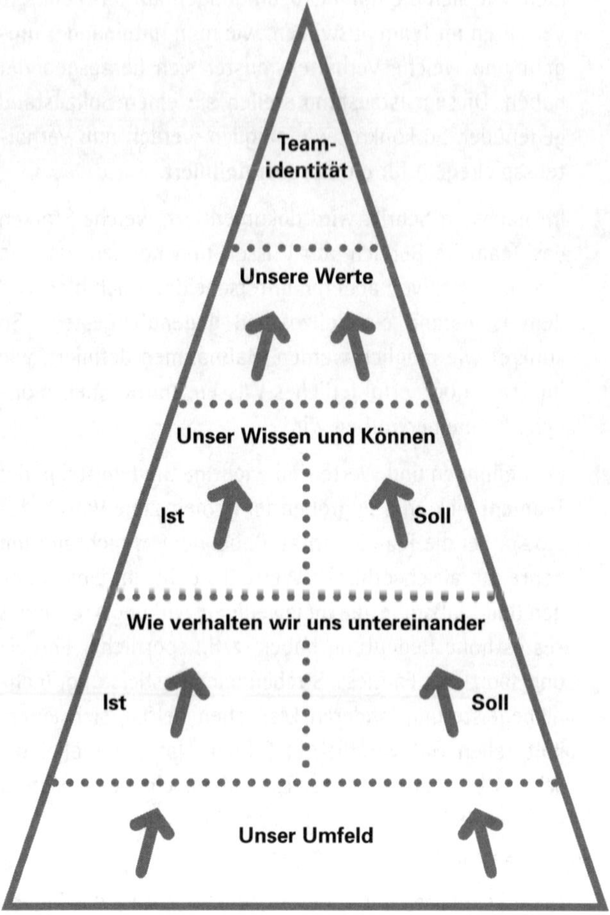

2 Im nächsten Schritt stellen die Teammitglieder zusammen, wie sich die Rahmenbedingungen auf das konkrete Verhalten im Team auswirken, wie man miteinander umgeht und welche Verhaltensmuster sich herausgebildet haben. Diesem Istzustand stellen sie einen Sollzustand gegenüber. So konkret wie möglich werden nun Verhaltensspielregeln für die Zukunft definiert.

3 Im nächsten Schritt wird dokumentiert, welche Stärken das Team im Bereich von Wissen und Können hat und womit es sich von anderen unterscheidet. Auch hier wird dem Istzustand ein Sollzustand gegenübergestellt. So konkret wie möglich werden Maßnahmen definiert, wie im Team noch erforderliches Wissen und Können möglichst schnell erworben wird.

4 Einstellungen und Werte sind wichtige Bindemittel in der Teamentwicklung. Je größer der gemeinsame Vorrat, desto stärker die Teamidentität. Dabei geht es nicht nur um hehre moralisch-ethische Werte. Es geht um Einstellungen und Maßstäbe, die im jeweiligen Wirkungskreis eines Teams hohe Bedeutung haben, z. B.: sportlicher Ehrgeiz und sportliche Fairness, Streben nach Bestleistung, Technikbegeisterung, anderen Menschen helfen, sich einem kulturellen Gut verpflichtet fühlen, Natur aus ökologischer Überzeugung schützen wollen, ein gemeinsames Glaubensbekenntnis teilen, sich einer fairen Geschäftspraxis verpflichtet fühlen usw.

5 Die erkennbare oder angestrebte Identität ist das Ergebnis der Schrittfolge von 1 bis 4. Versuchen Sie die eigene

Identität als Markenzeichen bzw. Slogan zu verdeutlichen, z. B.:

- Wir sind ein Entdeckerteam!
- Wir sind Spitzenreiter in puncto Qualität!
- Wir helfen in unserem Stadtteil jedem, ohne Ansehen der Person!
- Für uns zählen nur sportliche Höchstleistungen!
- Uns kann man daran messen, dass wir jeden Kundenwunsch in 24 Stunden erfüllt haben!
- Wir sind unbürokratisch, kundennah und zugleich effizient!

Teamtraining „Teamidentitäts-Pyramide“

Warum?	Um nach innen und außen Möglichkeiten zur Identifikation zu bieten.
Wann?	Im Teamtraining, wenn das Team schon einige Zeit Erfahrung mit sich und dem Umfeld gesammelt hat.
Wie?	Die „Teamidentitäts-Pyramide“ wird, ausgehend von der Basis „Unser Umfeld“, in den o. g. fünf Schritten bearbeitet. Dabei werden Einflussfaktoren und das Ist und Soll der Verhaltensweisen, Fähigkeiten und Einstellungen so genau wie möglich beschrieben.
Was ist zu tun?	Teamleiter/Teamtrainer nutzen eine bespannte Pinnwand. Darauf wird die Team-Identitäts-Pyramide so groß abgebildet, dass in den einzelnen Feldern entweder beschriftete Karten eingefügt werden können oder handschriftliche Eintragungen möglich sind.

Wie Sie Ihr Team bei der Stange halten

Haben Teams erst einmal ein hohes Niveau in ihrer Leistung erreicht, gilt es, dieses Niveau möglichst zu halten. Die Leistungsbereitschaft eines Teams kann nur stabilisiert und aufrechterhalten werden, wenn das Team ausreichend Feedback und Anerkennung erhält.

Beispiel

Besonders hautnahes Feedback erfahren Sportteams im Wettkampf. Das Eishockeyteam „Eisbär" wird im ersten Drittel bei gute Attacken von der Fangemeinde angefeuert. Zur Pause bei einem Rückstand von 0:3 gegenüber den Gästen werden die Eisbären mit Pfiffen bedacht. Im zweiten Drittel glänzt der Schlussmann der Eisbären durch perfekte Abwehrleistungen, was mit anerkennendem Applaus quittiert wird. Bei der vermeintlich ungerecht vom Schiedsrichter verhängten Auszeit für den Publikumsliebling der Eisbären gibt es Tumult. Im dritten Drittel gleichen die Eisbären aus, um dann mit 6:4 das Spiel unter Beifallsstürmen zu gewinnen. Die Spielanalysen und Bewertungen von Einzel- und Teamleistungen erfolgt tags darauf in den Sportgazetten. Dass der Erfolg im Übrigen durch Tor- und Siegprämien auch unmittelbar materiell honoriert wird, versteht sich von selbst.

Wie gelingt es nun bei Teams, die nicht im Rampenlicht stehen, die so wichtigen Feedbackprozesse zu organisieren?

Feedback innerhalb des Teams

Alle Phasen der Teamentwicklung und der Teamarbeit sind ohne ein hohes Maß an Offenheit und wechselseitigem Feedback undenkbar. Treten Störungen im Team auf, muss sofort gehandelt werden.

Es gibt Situationen, in denen ein Team intern klären muss, wie der individuelle Leistungsbeitrag gewertet wird. Wird z. B. mit dem Erreichen der Teamziele ein Bonuspool verbunden, steht das Team vor der Aufgabe der Verteilung. Sind Sie Teamleiter, ist es Ihr Job, dieses zu steuern. Sie und das Team haben drei Möglichkeiten:

- Der Teambonus wird in gleichen Teilen ausgezahlt. In einem funktionierenden Team gibt jeder sein Bestes. Also bedarf es keiner Unterscheidung bei der Ausschüttung des Bonus, „Schlechtleister" gibt es nicht – die mussten schon früher ihren Hut nehmen.
- Es wird eine „Rechnung aufgemacht", wem welcher Anteil vom Kuchen zusteht. Dieses ist dort möglich, wo auch die individuelle Leistung durch Ziele vereinbart und messbar ist. Doch Vorsicht! Mathematische Modelle, in denen der Zielerreichungsgrad ins Verhältnis zum Bonusanspruch gestellt wird, gaukeln Genauigkeit vor. Außerdem besteht die Gefahr, dass über den Streit um 150 Euro das Team zerbricht.
- Es wird der diesjährige Teamchampion gewählt, der einen Extrabonus verdient. Dieser Ansatz zielt darauf, dass alle Teammitglieder ca. 90 % des auf sie entfallenden Bonus erhalten, aber 10 % in einen Sonderbonustopf abgehen. Durch offene oder geheime Abstimmung wird dann der „Teamchampion der Saison" gewählt, der sich in besonderer Weise um das Team verdient gemacht hat.

Das Ziel ist erreicht

Ziele sind Maßstab und Messlatte des Erfolgs von Teams. Das gilt sowohl für den inneren Dialog und das wechselseitige Feedback im Team als auch für die Leistungsbewertung von außen. Aufgabe des Teamleiters ist es, den Prozess der Erreichung von Meilensteinen und Zielen zu steuern. Aufgabe der für das Team verantwortlichen Führungskräfte und Auftraggeber ist es, das Ergebnis angemessen zu würdigen:

- Anerkennung und Dank aussprechen bei exzellenten Leistungen;
- Mut machen, wenn trotz großer Anstrengungen das Ziel verfehlt wurde;
- nüchtern eine Bestandsaufnahme und Analyse vornehmen, wenn Fehler des Teams das Ziel verfehlen ließen.

Stimmt die Teamleistung?

Ziele lassen sich durch Ergebnisse und an Resultaten messen. Aber gerade die Anstrengungen auf dem Weg zum Ziel führen durch so manches Jammertal. Umso wichtiger ist es, dem Team aus der Perspektive der Führungskraft bzw. des Auftraggebers eine Rückmeldung zu geben.

Aber nicht jedes Team lässt sich wie ein Eishockeyteam im Echteinsatz in allen Phasen beobachten. Deshalb müssen sich Führungskräfte an das halten, was sie sehen und als Zwischenergebnisse von Teams berichtet und präsentiert bekommen. Daraufhin können sie ihren Eindruck in Worte fassen und an den Teamsprecher bzw. das gesamte Team weitergeben. Unter dem Vorbehalt der wechselseitigen Überprüfung geben sie dem Team eine vorläufige Rückmeldung – nicht als Urteilsverkündung, sondern als Momentaufnahme. Dabei kann die folgende Checkliste behilflich sein, das Gespräch zu strukturieren:

Checkliste: Teamleistung

Teamleistung	Top	Gut	Mittel	Mäßig
Produktivität				
Qualität				
Initiative				
Kreativität				
Kooperation				
Interne Zusammenarbeit im Team				

Teamcoaching

Nach mühseliger Teambildung und Teamentwicklung ist das Team in seiner Hochleistungsphase. Der Teamleiter agiert glücklich, die Ziele sind klar und die Gruppenkonstellation ist ideal usw. Doch dann lässt die Teamleistung plötzlich nach. Was ist geschehen?

Hochleistungsteams sind wie Spitzensportler. Vom Erfolg verwöhnt und doch immer in dem Bewusstsein, in der nächsten Runde verlieren zu können, werden Ausdauer und Motivation auf eine harte Probe gestellt. Bei dieser Gratwanderung zwischen Erfolg und Misserfolg laufen Teams Gefahr, sich zwischen satter Selbstzufriedenheit und Absturzangst irrational zu verhalten.

Überhöhte Ziele

Durch den Erfolg verwöhnt und in Überschätzung der eigenen Möglichkeiten werden immer neue, überhöhte Ziele gesetzt. Irgendwann ist der Bogen überspannt. Die Erkenntnis, an die eigenen Grenzen gestoßen zu sein, führt nicht selten zu heftiger Frustration im Team. Bald beginnt die Suche nach dem Schuldigen für das Teamversagen. Ein Team, das nach Sündenböcken sucht, hat den Gruppenkonsens schon verloren und das Team stürzt ab.

Schlendrian reißt ein

Erfolgsgewohnte Teams verlassen sich zunehmend auf ihre Routine. In gewissem Umfang ist das auch berechtigt. Gesammelte Erfahrung zahlt sich dadurch aus, dass man nicht bei jeder neuen Aufgabe und in jeder Teamsituation das Rad neu erfinden muss. Eine gewisse Routine entlastet und ermöglicht, sich auf Wesentliches zu konzentrieren. Doch auch hier lauern Gefahren: Einzelne Teammitglieder ruhen sich auf ihrem Erfolg aus und nehmen es nicht mehr so genau mit den Vereinbarungen und den Terminen. Irgendwie wird es schon wie bisher weitergehen. Man verlässt sich darauf, dass die anderen ja auch noch da sind. Schließlich hat man ja bisher auch sein Bestes gegeben. Deshalb kann man seinen Beitrag und sein Engagement ruhig einmal - vorübergehend - etwas bremsen. Doch denken alle so, läuft bald nichts mehr. Wenn es dem Esel zu gut geht, kann das Team baden gehen.

Der Hamsterradeffekt

Wer kennt nicht diesen Effekt. Nach einem längeren Urlaub kehrt man an seine Arbeit zurück – und tut sich sehr schwer damit, wieder mit Schwung und Freude zur Tat zu schreiten. Es kommen Zweifel, ob das, was man da Tag für Tag tut, auch wirklich das Richtige ist. Nach einigen Tagen der Gewöhnung läuft es dann wieder rund und man hat und nimmt sich keine Zeit mehr, an seinem Tun zu zweifeln.

Gerade bei Hochleistungsteams mit immer neuen Aufgaben kann sich das Gefühl einschleichen, im Hamsterrad zu sitzen. Steigert sich ein Team aus diesem Gefühl heraus in einen dauerhaften Zweifel an dem Sinn des Seins, wird man konkrete Leistung von dieser Gruppe nicht mehr erwarten können.

So oder ähnlich können Hochleistungsteams in Gefahr geraten, das emotionale Gleichgewicht zu verlieren. Hier ist meist der Teamleiter als Teil des Teams überfordert. Gefragt ist ein Coach von außen, der die Problemstellungen von Teams kennt, Motivationsschwankungen ausgleicht und das Team zu stabilisieren hilft.

Wann Sie einen Coach einsetzen sollten

■ Coaching ist eine Form der Beratung und Unterstützung von Einzelpersonen und Gruppen bei fachlichen und emotionalen Problemstellungen. ■

Coaching ist ein Prozess. Ideal ist es, wenn ein Coach ein Team dauerhaft begleitet. Dabei muss der Zeitaufwand nicht sehr groß sein. Es reicht, wenn Coach und Team von Zeit zu Zeit zusammenkommen und sich austauschen. Ein erfahrener Coach wird dann erkennen, ob alles im grünen Bereich ist, ob einzelne Warnblinklampen leuchten oder aber ob ein Teamsupergau droht. Es können freilich auch einzelne Teammitglieder, der Teamleiter oder eine Führungskraft, die für das Team Gesamtverantwortung trägt, einen Coach anfordern.

Ein Coach für die Einzel- oder Gruppenberatung ist sinnvoll, wenn z. B.

- sich Anforderungen und Aufgaben im Team verändern;
- im Umfeld des Teams größere Organisationsveränderungen anstehen;
- es persönliche Entwicklungs- und Karrierefragen gibt;
- die Teammitglieder dauerhafte Konflikte untereinander austragen;
- Sättigungs- und Ermüdungserscheinungen auftreten;
- sich Gefühle der Über- oder Unterforderung einstellen;
- das Team zur Selbstüberschätzung neigt;
- sich Sinnkrisen im Team ausbreiten.

Methodisch ist diese Form des Coachings eine Kombination von

- nicht-direktiver Gesprächsführung
- und persönlicher oder fachlicher Beratung.

Nicht-direktive Gesprächsführung bedeutet für einen Coach,

- Teams oder einzelne Teammitglieder dazu zu ermutigen, das vorhandene Problem aus der eigenen Sicht so genau wie möglich und in allen Facetten darzustellen,
- zuzuhören und nachzufragen,
- die Gefühlslage des Gesprächspartners verständnisvoll zu spiegeln,
- Äußerungen des Gesprächspartners nicht zu bewerten, abzuwerten oder zu relativieren,
- nicht vorschnell Lösungen anzubieten.

Die persönliche Beratung besteht darin, dass ein Coach das Team bzw. einzelne Teammitglieder dazu anhält, ein Problem in drei Schritten zu bearbeiten:

- emotionale Klärung: Was bewegt uns/mich ?
- rationale Klärung: Wie stellt sich bei kühler Betrachtunq die Situation für uns/mich dar?
- mentales Programm: Was sind unsere/meine Ideen und Leitsätze, um das Problem zu überwinden?

Ein solcher Coachingprozess kann sich über einen längeren Zeitraum erstrecken. Letztendlich geht es darum, die Fähigkeiten im Team zu aktivieren, aus einer vorübergehenden Schieflage heraus wieder in eine stabile Teamsituation zu gelangen.

Wenn alle Stricke reißen – schnelle Krisendiagnose

Ein begleitendes Coaching ist die Luxusvariante, um ein Team in kritischen Situationen zu stabilisieren. Was ist aber, wenn alle Stricke reißen: Der Teamfrust nimmt zu, die Teamleistung nimmt ab und das Team weiß sich selbst nicht zu helfen.

Zur Schnelldiagnose hilft dann ein Teamfragebogen, mit dem fünf Problemdimensionen erfasst werden:

- Führung und Betreuung des Teams,
- Organisation, Ziele und verbindliche Ordnung,
- Qualifikation und Zusammensetzung,
- Kooperation, Vertrauen und Loyalität,
- Stellung des Teams in der Organisation.

Teamfragebogen

		Ja	Nein
1	Wir sind nicht klar von anderen abgegrenzt.	❑	❑
2	Wir haben kaum Anerkennung von außen.	❑	❑
3	Das Leistungsniveau ist sehr unterschiedlich.	❑	❑
4	Die Qualität unserer Arbeit befriedigt nicht.	❑	❑
5	Wir verlieren leicht die Orientierung.	❑	❑
6	Die Zielsetzung für unser Team ist unklar.	❑	❑
7	Nach außen werden wir schlecht vertreten.	❑	❑

		Ja	Nein
8	Es fehlen Spezialkenntnisse im Team.	❑	❑
9	Der Teamleiter agiert zu wenig situativ.	❑	❑
10	Unsere Absprachen sind sehr lau.	❑	❑
11	Unsere Diskussionen finden kein Ende.	❑	❑
12	Unsere Arbeit interessiert andere nur wenig.	❑	❑
13	Es fehlt die Bereitschaft, dazuzulernen.	❑	❑
14	Es gelingt uns nicht, uns selbst zu steuern.	❑	❑
15	Es fehlt an Methodenkompetenz.	❑	❑
16	Im Team tut jeder, was er will.	❑	❑
17	Wir klären die Beziehungen im Team nicht.	❑	❑
18	Einige werden den Aufgaben nicht gerecht.	❑	❑
19	Die Fähigkeit Probleme zu lösen, ist gering.	❑	❑
20	Andere haben keine hohe Meinung von uns.	❑	❑
21	Es fehlt an Koordination.	❑	❑
22	Neu ist der Name, alt sind die Strukturen.	❑	❑
23	Es werden keine Entscheidungen gefällt.	❑	❑
24	Es fehlt an Offenheit und Feedback.	❑	❑
25	Wir haben keinen festen Zeitplan.	❑	❑
26	Einige verfolgen Ihre eigenen Ziele.	❑	❑
27	Unser Team müsste erweitert werden.	❑	❑
28	Wir tauschen uns kaum mit anderen aus.	❑	❑
29	Als Team ziehen wir meist den Kürzeren.	❑	❑

	Ja	Nein
30 Die Stellung in der Organisation ist unklar.	❑	❑
31 Einige orientieren sich mehr nach außen.	❑	❑
32 Die meisten halten sich sehr bedeckt.	❑	❑
33 Wir sind nicht sehr effizient.	❑	❑
34 Kreative Ideen werden schnell abgewürgt.	❑	❑
35 Gäbe es uns nicht, würde es keiner merken.	❑	❑
36 Einigen fehlt die Fähigkeit zur Teamarbeit.	❑	❑
37 Erfolgskontrollen finden nicht statt.	❑	❑
38 Es gibt keinen, der einem persönlich hilft.	❑	❑
39 Es bilden sich Untergruppen und Intrigen.	❑	❑
40 Der Teamzweck ist den meisten unklar.	❑	❑
41 Unser Team ist einseitig ausgerichtet.	❑	❑
42 Die Fluktuation ist zu groß.	❑	❑
43 Ergebnisse werden nicht dokumentiert.	❑	❑
44 Wir wissen sehr wenig voneinander.	❑	❑
45 Konflikte werden nicht ausgetragen.	❑	❑
46 Wir haben wenig Vertrauen in das Team.	❑	❑
47 Uns fehlen klare Abläufe zur Orientierung.	❑	❑
48 Manche Mitglieder reden kaum miteinander.	❑	❑
49 Die Planung ist sehr unverbindlich.	❑	❑
50 In der Organisation sind wir Exoten.	❑	❑

Und so wird's gemacht

Jedes Teammitglied füllt für sich den Fragebogen aus. Im Auswertungsschema finden Sie die Nummern der Fragen. Machen Sie bei all den Nummern ein Häkchen, die Sie mit „Ja" beantwortet haben und tragen Sie die Anzahl der Häkchen pro Zeile in das Summenfeld rechts ein. Die Auswertung erfolgt erst einzeln, dann werden die Ergebnisse aller Teammitglieder addiert. So erhalten Sie eine Rangfolge der Probleme. In den Bereichen, in denen die meisten Fragen mit Ja beantwortet wurden, liegt der größte Handlungsbedarf. Je nach Brenzligkeit der Situation, wird die Auswertung entweder durch einen Coach oder aber durch das Team selbst durchgeführt.

Auswertung

Problemdimensionen	**Nr. der Fragen**	Σ
Führung/Betreuung des Teams	5 7 9 11 14 10 21 23 20 38	
Organisation, Ziele, Verbindlichkeit	6 10 25 33 37 40 42 43 47 49	
Qualifikation und Zusammensetzung	3 4 8 13 15 18 19 27 36 41	
Kooperation, Vertrauen, Loyalität	17 24 31 32 34 39 44 45 46 48	
Stellung des Teams in der Organisation	1 2 12 20 22 28 29 30 35 50	

Wie geht man mit den Ergebnissen um?

Ist der Mittelwert aller Nennungen kleiner 5 oder 5, kann schon ein offenes Gespräch Ihrem Team helfen. Ist der Mittelwert jedoch größer als 5, sind folgende Maßnahmen erforderlich:

1 *Führungsdefizite*: Eine Führungskraft oder ein Coach müssen einbezogen werden. Zu klären ist, ob Team und Teamleiter noch eine Chance zur Zusammenarbeit sehen oder nicht.

2 *Organisationsdefizite*: Auch hier ist in erster Linie zu prüfen, ob die Teamleitung ihre Aufgaben wahrgenommen hat. Liegt das Schwergewicht der Nennungen bei der 1. und 2. Dimension, dann ist das ein sicherer Hinweis darauf, dass der Teamleiter ausgewechselt werden muss.

3 *Qualifikationsdefizite*: In der 1. und 2. Phase der Teamentwicklung wurden Fehler gemacht. Es wurde darauf vertraut, dass die Qualifikationsdefizite ausgeglichen werden. Möglicherweise müssen Teammitglieder ausgewechselt werden.

4 *Kooperationsdefizite*: Hier ist zu klären, ob diese Probleme aktuell, aus besonderem Anlass entstanden sind oder bislang nur übersehen wurden. In beiden Fällen empfiehlt es sich, kurzfristig ein Teamtraining anzuberaumen.

5 Unzureichende *Positionierung* des Teams in der Organisation: Hier sind u. a. die verantwortlichen Führungskräfte aufgefordert, die Schnittstellen des Teams innerhalb der Organisation zu klären und seinen Auftrag und seine Position gegenüber anderen Teams deutlich zu machen.

Sich und andere zum Erfolg führen

Coaching

Immer mehr Unternehmen fördern die Fähigkeiten und Potenziale ihrer Mitarbeiter durch Coaching.
In diesem Buch finden Sie kompetente Antworten auf die Fragen:

- Was bedeutet Coaching für ein modernes Unternehmen?
- Wie setzt man dieses Führungsinstrument erfolgreich ein?
- Welche Vorteile bringt Coaching Vorgesetzten und Mitarbeitern?

Checklisten, Beispiele und Zusammenfassungen machen das Buch zum praktischen Ratgeber.

Rainer Niermeyer
Coaching
3. Auflage
154 Seiten
*€ 24,95**
Bestell-Nr. 00589-0003
ISBN 3-448-05535-2

** inkl. MwSt., zzgl. Versandpauschale € 1,90*

Bestellen Sie bei Ihrer Buchhandlung oder direkt beim Verlag:
Haufe Mediengruppe, Fraunhoferstr. 5, 82152 Planegg
Tel.: 089/89517-288, Fax: 089/89517-250
Internet: www.haufe.de
E-Mail: bestellung@haufe.de

Setzen Sie auf Kompetenz

Bücher, Loseblattwerke, Profi-Software

Katalog anfordern unter:
Telefon 0761/8988444
oder Fax 0761/8988555
oder unter bestellen@haufe.de

Haufe Akademie

Seminare, Schulungen, Tagungen und Kongresse, Qualification Line, Management-Beratung & Inhouse-Training für alle Unternehmensbereiche. Über 180 Themen!

Katalog unter: Telefon 0761/4708-811

Tausende Dokumente zum Download

Aktuelle und rechtssichere Qualitätsdokumente, Applikationen und Service-Angebote zum einfachen Herunterladen aus dem Internet.

Dokumente unter: www.redmark.de

Haufe Mediengruppe

Haufe Mediengruppe Hindenburgstraße 64 79102 Freibur